八字決戰一生

生肖占卜篇上冊 01

史上八字完整的整套系列編輯書籍

一四四組生肖對待理論 可套入四柱應用

一四四組十神對待 可連結所有五術

生肖地支特性完整解析

國家圖書館出版品預行編目資料

八字決戰一生. 生肖占卜篇 / 太乙編著 — 初版.
臺南市：易林堂文化，2013.07
冊 ； 公分
ISBN 978-986-88471-8-7 （上冊:平裝）.
ISBN 978-986-88471-9-4 （下冊:平裝）.
1. 命書 2.生辰八字
293.1   102011916

八字決戰一生-生肖占卜篇-上冊

作　　者 / 太乙

總 編 輯 / 杜佩穗

執行編輯 / 王彩鱻

發 行 人 / 楊貴美

美編繪圖 / 林彥儒

出 版 者 / 易林堂文化事業

發 行 者 / 易林堂文化事業

地　　址 / 台南市中華南路一段186巷2號

電　　話 / (06)2158691　傳　　真 / (06)2130812

郵局帳號：局號 0031204　帳號 0571561　戶名：楊貴美

電子信箱 / too_sg@yahoo.com.tw

2013年7月2日初版

總 經 銷 / 紅螞蟻圖書有限公司

地　　址 / 台北市內湖區舊宗路二段121巷28號4樓

網　　站 / www.e-redant.com

郵撥帳號 / 1604621-1 紅螞蟻圖書有限公司

電　　話 / (02)27953656　傳　　真 / (02)27954100

定價單冊： 532 元

目 錄

「秘訣」只不過是闡述命理
的一種應用工具罷了

命理無非是在探討一個一生之中，生命各層面：「生、老、病、死、苦」，之自然法則的呈現，含概人的感情因素，五倫關係（君臣、夫婦、父母、子女、兄弟、上官與部屬），個性的柔與剛、榮與辱、財富的多寡，貧貴富賤，事業的榮枯，身體康健與衰…等等。

太乙老師精通於五術各門派，將畢生精華以最簡易樸實的方式，將其精闢的心得與應證，各項的絕學完美的呈獻，做「真善美」的闡述，誠如老師所言，別人所謂神祕，不可隨意告人的「秘訣」，在老師的眼裡，只不過是闡述命理的一種「應用工具」罷了，如此恢宏的氣度，與世俗不同的見解，是何等的高超，無私無我，利人利他，真是難能可貴。

年輕的我，對五術「山、醫、命、卜、相」感到無比的好奇與興趣，身在金融界服務，工作雖忙碌繁重，經家人的支持，總也抽出時間於民國76年間陸續耗資拜師學藝，一路走來拜師專研，地理風水、易經、紫微斗數、子平八字、姓名學…等課程，其中也

走了很多的冤枉路，花費了不少的錢財，走過人生的陰陽頓挫，那人生的心路歷程，冷暖自知，感慨無窮。

　　民國100年初，因緣俱足能拜師學於太乙老師的門下，真是三生有幸，因老師修身積德，才得兼備，德者之風範，有教無類、愛徒如子、不厭其煩、不分資質、聰穎愚鈍，皆抽絲剝繭，傾囊相授，老師不藏於私，將命理八字、易經、地理風水、紫微斗數、姓名學、兩儀卦、鐵板神算、時空論斷…等融會貫通，全盤的傳授給我們，至今尚深深覺得「童子拜觀音」尋尋覓覓、覓覓尋尋，「踏破鐵鞋無覓處，得來全不費功夫」，每上完老師的一堂課，如獲至寶，讚嘆老師真是玄學中的泰斗，五術界的奇葩，「一夫當關，萬夫莫敵」，也只能感嘆，人生如能重來，能提早拜師於太乙老師門下，將是一種福氣，可使我減少走過很多的冤枉路，但也慶幸在這年過半百有生之年的我，還能身逢其會，巧遇太乙名師，為時不晚。

　　「有心就有願，有願就會完成」，在老師的指引下，我深信我們將會在這「五術」的領域中，發光發亮，更上一層樓，服務社會，造福人群，貢獻一己之力。

學生　　合作金庫銀行　　楊天佑
民國一百零二年5月28日筆序

戌狗對應十二生肖地支　223

亥豬對應十二生肖地支　237

八字決戰一生完整的整套
系列編輯書籍介紹

1. 生肖占卜篇　上、下兩冊及專解下冊細項篇

　　數字占卜是透過十個數字的交媾，產生 100 組互動關係，而生肖占卜篇者可應用於地支與地支的交媾組合，作詳細的延申推演，包含個人生肖與週遭人事之對待關係，共有 144 組的不同人事互動組合，也可透過精心設計的十二地支占卜牌卡，作為占卜的應用，讓您即時掌握人事之對待、財運機會、工作事業、婚姻感情、找到屬於自己命中的貴人，共十二項應用對照，超高準確度，可隨時隨地應用、查詢，是學習八字陰陽五行推演最好的活字典，也是開館諮詢師必備的生財器具書籍。

2. 數字占卜篇　上、下兩冊及專解細項篇

　　透過太乙精心設計的十天干數字占卜牌卡，利用 10 個數字交媾應用組合，延申 100 組數字的互動關係，每一組數字作詳細的延申推演，再針對婚姻感情、工作事業、身體健康、財運、人際、工作等十二項目作詳細深入的解析，準確度達到 95％，隨時隨地可以應用、查詢，如同請一位專業命理諮詢師回家，隨時隨地可諮詢，也是學習高級八字論斷推演最好的一本活字典。

3. 開運應用篇

　　透過出生年月日時公式的應用組合，用對照的方式，來解讀掌握貴人方位機會、財運機會，解開身體、疾病之負擔，瞭解婚姻、感情、情歸何處，決戰一生事業工作的版圖有多大、論您的財庫有多大、財祿方位在哪?將您的心態、個性、人際關係顯露無遺，年、月、日、時各柱的六十組甲子活字典，

能讓完全不懂八字推理的人，也能快速查詢應用，掌握住事象、開運應用、製造機會、契機，知己知彼，快速致富，也能讓研究八字的人，知道如何應用天干、地支的互動組合，衍生出人生的妻、財、子、祿及方位的切入、交互應用，延申更寬廣的交媾組合，掌握精髓、應用自如。

4. 易經連結篇

四柱八字的天干地支，可連結於易經六十四卦，應用於日常生活的食、衣、住、行，讓學習易經不再花費數十年的青春歲月，應用干支的二十二個字，陰陽五行，表現這艱難無味的八卦交媾變化，快速的切入，尋找到改變之道，提升快速財利的獲得、工作事業的穩定發展、擴展人際關係、增加六親緣份、掌握到良好的居家風水。擁有本書，就能洞察到六十四卦在日常生活中的六十四種生活方式及樂趣。保證讓研究數十年的易經學者大開眼界，讓剛入門學習者，大開最方便的法門。也可透過太乙為您精心設計的六十四卦占卜牌卡，作為占卜應用，神奇、超高準確度。

5. 學理推演篇

八字決戰一生的學理應用，是透過大自然生態生存之道，木成長的元素，套入天干、地支的刑、沖、會、合、害及交互作用，產生氣的變化，是本套書籍所有應用的理論及原則，包含年、月、日、時、分五柱十字的宮位解析、論斷、推演，是學習八字及時空論斷的重要學理推演，不得不讀的寶貴理論，精準而細微，此學理推演是八字學及八字實戰的重要依據，比傳統學理更準確、論斷更快速，解象更多元化，是初階必讀，深入研究者及實戰論斷必備的精準元素。

本套書的精華在於用自然法則為學理根據，並山、醫、命、卜、相只有一套學理標準，完全可連結任何學術。陸續在出版中，敬請期待。

6. 十神對待篇

透過十個通變星宿：比肩、劫財、食神、傷官、正財、偏財、正官、偏官、正印、偏印，各個星宿在年、月、日、時不同的柱限、宮位、所產生不同質氣的變化、應用，可用對照、查詢，讓您學習到八字十神法真正的精髓核心，再應用日主不同十天干對照，所延申的１００組十神對待，不同於傳統不分日主天干的元素，只論十個通變星宿吉凶，本書十神對待篇是八字的精髓及活字典。

7. 一柱論命篇

天干配合地支，產生了六十組的組合，此六十組的組合，套入出生年、月、日、時，就產生不同宮位，人事物之變化，透過一組一組活生生剖析其情性，讓您論命不用同時要有年、月、日、時四柱的組合才能精準掌握，而只要知道任何一柱，即可馬上切入應用論斷，雖然一柱論命只是八字的基礎，但也可用於日常生活上的應用，快速而精準的一柱論命應用篇，讓您隨時掌握流月、流日的變化，趨吉避凶，也是職業論命必備的活字典。

8. 公式口訣篇

在繁雜的學理推演上，透過條文式整理，成為簡便的口訣，可應用到各個不同的星宿，將公式口訣進入各個柱限、限運、宮位、年、月、日、時、分，所產生不同的應用論斷，快速又精準。

9. 六親緣份篇

針對個案剖析，分六親緣份、環境論斷、財運機會、事業官祿，本篇為六親緣份篇，直接針對祖上、父母、兄弟姊妹、配偶、子女及部屬、朋友、客戶，快速精準

的應用解析，是助力還是阻力，在人生當中，他們與您的相處模式、緣份之對待關係之解析、論斷、應用。

10. 生日數字篇

創世之作，透過國曆的民國出生年、月、日的數字組合，是用民國的年數，而非坊間的西元年數，因為我們生存在於中華民國的土地上，會因為此區域性而產生了數字的組合變化,除非您在台灣出生而是在國外工作，所以才可使用西元年數。

此民國年數配合月、日的不同數字交媾組合，會產生不同的吉凶變化，舉凡習慣個性、工作事業、投資理財、婚姻感情、身體健康、金錢財運、人際關係，一一的解釋，是人生的活字典，也是首創精準的一套學理。

11. 時空契機篇

四柱八字學是應用人出生的年、月、日、時，作為推命之資料，而時空契機篇是用當下的時空，年、月、日、時到分作為資料，排定五柱十字，不用任何求問者的資料，只要您進入此時空，利用當下契機，就能精準論斷過去、現況、未來之人、事、物，會讓人誤以為是通靈或養小鬼，也可作為平時訓練八字推演的活教材。

12. 擇日開運篇

八字學的應用，是透過大自然生態生存之道，此學理可連結到擇日學、陽宅學、易經、六十四卦、姓名學及日常生活之道，擇日學除了傳統刑、沖、會、合、害之喜忌概念、農民曆的應用之外，連結此套學術，更是如何應用操控運勢、時機點重要的方式，是坊間不傳之祕，如同奇門遁甲之應用與掌控，應用擇日達到佈局開運的法門。不再羨慕別人買房子、賺大錢，自己來操控不會受騙花大錢，可製造好的財運及機會。

13. 實戰案例篇

透過50個活生生的實際案例推演、論斷、解析，能讓您快速掌握實戰的應用、推論，讓您面對客戶不再緊張，而且能快、狠、準的直接切入論斷。

14. 風水開運篇

如何應用居家風水、居家環境，也就是利用周遭可看得到的一切環境、景象、人事，來趨吉避凶，製造財富，３６０度２４個方位學上，哪一方位可製造更多的助力，形成更旺的磁場，用無中生有的方式佈局迎氣，解除對坊間數十派的風水學說之困惑，讓您能快速靈活應用，掌握風水開運致富。

15. 姓名開運篇

四柱八字學用十天干、十二地支配合大自然生態之學理推演，而此姓名開運篇，是將姓名文字的部首、字根，套入十天干、十二地支之交媾互動變化論事象吉凶，破解坊間數派姓名學之爭議及迷失，因為與八字決戰一生之系列學理，完全是相同的、相通的，沒有模擬兩可，只有這一套，而且可連結整個五術的任何學派，讓您不再為名字的好壞而影響到您的生活，善用父母親賜給您最寶貴的文字禮物，好姓、好名、好字義，完全掌握好的時機。

16. 觀念開運篇

透過問答的方式，解開對命理、五術及生活的問題、迷失，讓您不會因算命師的一句妖言惑眾的話或宗教的一句冤親債主來討債必須制化改運，而荷包大失血，整個家庭陷入經濟危機及心理恐懼的危機當中，有了正確觀念的瞭解，進而運用觀念開運致富，助人、利己，製造累積更多的福德及財富。

導　讀

傳統論命以剋、破、刑、沖、害代表不好，以三會、三合、五合、六合代表好的，但於實際的情形卻有落差，因為剋、破、刑、沖、害未必不好，反之三會、三合、五合、六合未必好。所有的好壞取截於十天干(十個數字)及十二地支（十二生肖）各有習性的組合論吉凶好壞，有時候會因問的主題或在意事項的不同，雖然同屬那個組合，卻產生了極大的落差。 比如說子鼠與丑牛於傳統學理上代表著合，認為合就是好，但於實際上的應用要分用在哪個地方或主題。

例如問感情：

子鼠為水、丑牛為寒凍的土，子鼠遇丑牛為合、為凍結之象，代表子屬遇到丑牛變得安逸，與事無爭。以丑牛的角度來說，丑牛限制了子鼠一切的行動自由，但子鼠心甘情願被丑牛所約束限制，所以倆人的感情是黏密的，但卻是相敬如冰、沒有交集，缺少浪漫熱情。

但如果把主題改為事業：事業受限，人事被凍結，內
部沒有活力無法擴展。

主題若問財務狀況：代表金錢週轉有問題，是受限無
法流通的。

但如果是問疾病：子鼠與丑牛合代表可以得到掌控，
不會擴散，也可代表只要透過休息
就好了。

如果問婚姻會成嗎？合是代表會成的，而且目前有黏
密的感情。

　　本書是針對十二生肖地支於自然生態植物成長
的特性作為論吉凶的依據，而不是以生肖動物的屬
性論吉凶，生肖動物的屬性是論個性，因為地球五
大元素木、火、土、金、水五行當中，只有木有生
命，而且五行與我們生活是習習相關的，所以學理
的所有依據，都以此為標準。此學理連結地理、風
水、命理、八字、斗數、姓名學、易經六十四卦，
全部相通，沒有模稜兩可的空間，證明了此套學術
的實用性與價值性。

本書的使用方式可分為三種使用方式：

第一. 透過本身的生肖出生年（代表前面所屬的生肖），與朋友或人際關係的互動（代表後面所屬的生肖）如何?用對照的方式查對，就知道對方對您而言是加分還是減分?

是助力還是阻力?

是貴人還是小人?

是金主還是債主?

本書超極神準，靈驗無比。

比如說：您是寅虎年生，您另外一半或朋友為午馬年生，查114頁，寅虎（代表前面所屬的生肖）對應午馬（代表後面所屬的生肖）年生的人。

第二. 您四柱八字裏面有的，稱之（某）屬性的人，比如說:四柱有子鼠，稱之屬子鼠之人，可應用第一種的方式，與朋友或所有互動的人對應關係，如您日柱（出生日）為亥日，遇到午馬年生的人，查245頁，亥豬（代表前面所屬的生肖）對應午馬（代表後面所屬的生肖）年生的人。

但是使用第一種方式，用我的出生年對照朋友的出生年，與使用第二種方式，用其他宮位(代表前面所屬的生肖)對照朋友出生年(代表後面所屬的生肖)會有什麼差別呢？

答案很簡單：四柱不同宮位有不同宮位的代表意義，比起用年對照對方的出生年來的複雜，難度又會高一點，但我建議若您是初學者，先不要用此方法，等熟悉宮位的應用後，再用此方法，會更加出神入化。

宮位的定為，請閱讀「八字十神洩天機」上冊，第十頁起至二十三頁，四柱八字的命盤排法於第九十三頁至一百一十三頁，有詳細的論述。

所以這個用法就是等同於四柱八字的推命法了，當然本書是初階，但也是高階的應用，更是研究應證的一百四十四組的活字典，本書生肖占卜篇與數字占卜篇有異曲同工之妙。十個數字即為十個天干，等同於四柱天干對應天干的互動關係，一百組活字典讓您嘖嘖稱奇，神準無比。

第三. 生肖占卜篇，就是透過太乙為您精心設計的十二生肖、地支占卜牌卡，來作為占卜的工具，讓您即時掌握人、事、地、物之互動，對應吉凶、事項，一百四十四組超神準活字典，如同請一位專業命理師回家，隨時隨地可占卜查對。

　　以下為十二生肖地支牌卡的元素，用此十二生肖牌卡來作為占卜解讀的方法。

如何將十二生肖地支
應用於卜卦

學　習十二生肖地支占卜或數字、八字、五行、易經最重要的是要不斷反覆應用研習、訓練，我們可用最簡單方法，達到最好的學習成果，那就是透過太乙為您精心設計的十二生肖地支占卜牌卡來占卜，將每天的運勢起伏瞭若指掌，以及人與人之間的互動關係。此牌卡與塔羅牌有何差異呢?最主要塔羅牌是西方應用的占卜工具，而我們東方習慣用的推命占卜是易經、八字、紫微斗數與姓名學，而太乙為您設計的牌卡是可連結我們常使用的易經、八字、紫微斗數與姓名學，學理完全一樣，所以透過太乙設計的一系列占卜牌卡，可累積您在推理、解象的功力，是最好工具。**不要**認為只是玩票性質，而是一套能讓您直登堂奧的五術、八字必備工具書籍。

　　占卜抽牌後要如何解析運用，從76頁至251頁為子鼠對應子鼠到亥豬對應亥豬的一百四十四組活盤組合、占卜活字典，查詢活字典解析即知事項結果。

本書只要您秉持著誠意的心使用它，必會有神奇的應驗。

十二生肖地支卜卦步驟

生肖兩儀卜卦

步驟❶：開牌第一次使用先勒令。先淨化並求太
陽神君與、太陰星君勒令。

　　準備太乙為您精心製作的十二地支生肖占卜
卡，選擇在丙、丁、戊、己之日。農曆的十四日或
十五或十六日，先在白天有太陽之早上，將此副牌
卡在太陽底下打開，並張開，而且虔心默念：

「弟子○○○誠心祈求太陽神君、太陰星
君以及列位眾神，賜下日月光明在牌卡上，所求一
切是非曲直都能無私顯現。」連續念七次，然後先
收好，在等晚上月亮出來時，依照早上的方式虔心
默念：「弟子○○○誠心祈求太陽神君、太陰星
君以及列位眾神，賜下日月光明在牌卡上，所求一
切是非曲直都能無私顯現。」，一樣連續七次，者
大功告成，稱已勒令完成。以後再使用時，即馬上
可使用，不用再勒令了。

步驟❷：請提問的人一邊洗牌，一邊在心裡默念
　　　　想問的事，愈具體清楚愈好，如自己的名
　　　　字、詢問對象的名字或名稱與地址，然後
　　　　抽出兩張牌。第一張代表提問的當事者本
　　　　人，我們稱之為陽儀，第二張代表所詢問
　　　　的對象人事物，對當事人的影響，我們稱
　　　　為陰儀；這兩張牌顯示了提問者本人和問
　　　　題之間所發生的情況。

步驟❸：從本書76頁至251頁查詢抽出的兩張生肖
　　　　牌卡個別所代表的意義，以及兩個生肖地
　　　　支之間的關係。

步驟❹：從書中查詢這兩張牌卡之間的生肖彼此相
　　　　對的五行生剋，另加入十神法（可由本書
　　　　上冊的十二地支生肖十神表查詢253頁起）
　　　　更可靈活應用於人事、六親與特定人物之
　　　　互動相對關係。由此推論代表卜卦者的第
　　　　一張為陽，與代表所問人事物的第二張牌
　　　　為陰，兩者相互間的影響及互動關係。
　　　　稱之兩儀卜卦。

　　　　此使用法準確度相當高，並且可訓練四字八字
及時空十字解盤功力，保護隱私，快、狠、準。

問題占卜解析、論斷的應用

　　我們在應用上要先將第23、24頁的十二生肖地支卜卦的四個步驟先做了解，然後針對問題事項，充分洗牌，同時心裡默念卜卦者想問的事情，然後抽出兩張牌，這兩張牌的第一張是代表卜卦者本人，第二張代表所問之事，而這兩張牌就是代表問卦者本人和問題之間的對應關係。

　　　　以下例舉四個案例及步驟、方法、論斷的應用，作為實際操演，進入本書的實戰應用。

　應用例1：　先誠心誠意默念：我想買房子，今天去看
　　　　　　　一間房子，地址是台中市〇〇路〇〇號
　　　　　　　五層樓的透天厝，不知這房子好不好？

　　默念完後抽出第一張牌，假設為寅虎，者將此牌放在桌前左手邊，再默念一次，抽出第二張牌，假設為亥豬，放在桌前右手邊，者其組合為寅虎與亥豬的對應關係，再翻閱120 頁。其解析如下：

寅虎 與亥豬

的對應關係

寅虎為春天之木，其性蓄勢待發，創新的任務，努力苗壯而長；亥豬為冬天之水，其性主快速、侵伐、滲透，兩人皆屬主動出擊，行事作風上一拍即合，若再加上有午馬之人相助，便能成為叱吒商場的最佳拍檔。

以寅虎之人對應亥豬來說，亥豬流動之水對寅虎諸多的付出、關愛、生助，但卻超出寅虎所能接受的範圍，讓寅虎深感困擾、疲憊不堪，無法自在的發揮原有的實力及才華。冬水本來就無法直接生木，也代表寅虎會因亥豬的關係而學習到錯誤的知識、學問，反而會讓寅虎作出錯誤的選擇，陷入麻煩當中，也就是亥豬之水的印星對寅虎之人來說只會幫倒忙；此組合於易經六十四卦上稱「水雷屯」，其象為水困木的象，而非水生木。

建議倆人之相處互動，宜多接觸大自然、陽光，產生火的能量、元素，以化解水困木之情性。尤其可多多與午馬之人互動甚至合作，就更加理想，更容易建立起良好的友誼關係，為彼此製造更多的福蔭及機會。

應用例2: 先誠心誠意默念，並同時充分洗牌：我想換
工作，想到○○公司，地址是高雄市○○區
○○路○○號，不知到這間公司的工作、發
展如何？

　默念完後，抽出第一張牌，假設為卯兔，者先將此
牌放在桌前左手邊，再默念一次，抽出第二張牌，假設
為戌狗，將其放在桌前右手邊，再翻閱135 頁。其解析
如下：

卯兔 與戌狗

的對應關係

　卯兔在春天之季，此時的花草、樹葉生長快速、
活力充沛，靜不下來；戌狗為秋季收斂之土，他們兩個
人剛開始的互動，必須經過一些時間磨合，才可以成為
知心的朋友，因為卯兔很難改變戌狗，必須對戌狗採取
諒解、包容的心態，而戌狗對於卯兔的敏感、易不安的
個性，也得多多付出關懷，用溝通的方式，互相去理解
和支持對方，這是他們的友誼能繼續下去的原因。

　　以卯兔對應戌狗之人來說，戌狗提供了土地、財星，能讓卯兔得到金錢、物質、利祿，給予卯兔有個穩定家的感覺，帶給卯兔安全感，才能得到財利。但這一切金錢、物質及歸屬，也必須要卯兔用心與戌狗溝通、甜言蜜語，並且投注心力去認真的學習專業知識，得到更多的實力，才能掌握擁有戌狗所提供的財星、金錢、物質。

　　當然也可以再參考下冊第 130 頁，卯兔對戌狗，內容十二細項的第八項求職異動：積極可成長，獲得財利。以下截錄下冊第 130 頁，供參考。

卯兔對戌狗　　穩空成長	
1．工作事業	按部就班，穩定成長
2．機會運勢	守舊有利，穩定進步中
3．婚姻感情	有志者事竟成，穩定交往中
4．金錢財運	堅持是最好的獲利
5．出行旅遊	平順如意，但延誤多
6．官司訴訟	勝訴。但拖延過久
7．身體健康	防四肢折傷、頭痛
8．求職異動	積極可成長，獲得財利
9．人際關係	主動會有好的互動
10．交易買賣	堅持、自信。可獲高利潤
11．貴人方位	東南南之方位
12．失物找尋	西北方置物櫃上方

應用例3： 先誠心誠意默念，並同時充分洗牌：我想要
　　　　　和男朋友姓名○○○結婚，家住高雄市○○
　　　　　區○○路○○號，不知他是否會向我求婚？

　　默念完後，抽出第一張牌，假設為辰龍，者將此牌
放在桌前左手邊，再默念一次，抽出第二張牌，假設為
子鼠，者將此牌放在桌前右手邊；再翻閱本書140頁。
其解析如下：

辰龍  與子鼠

的對應關係

　　辰龍屬春天之氣，也為水庫，充滿智慧又擅長組
織管理；子鼠屬冬天之水，也為黑夜的情性。子鼠之水
心甘情願入辰龍之庫，成為好朋友知己，兩人互欣賞對
方的才幹、能力。在計畫做某一件事情的時候，雙方常
常會不約而同地找到相同的點，這種不約而同的默契，
往往會讓事情出現非常好的結果，也讓人非常的羨慕辰
龍與子鼠之間的感情，也代表辰龍相當的有魅力，能讓
子鼠為您投懷送抱，主動而來。

辰龍為子鼠的官星，女命子鼠之人會心甘情願為辰龍付出所有的青春歲月，為辰龍而守著家，而男命子鼠的人則會將全部心力投注在事業及工作上。

以辰龍對應子鼠來說，子鼠為辰龍的財星，提供了金錢、智慧、資源給予辰龍，讓辰龍口袋滿滿，這種機會、緣份讓周遭的人非常的羨慕。也代表子鼠願意投懷送抱進入辰龍一手精心設計的陷阱當中，無怨無悔為辰龍付出一切。

以上的解析代表男友是會主動向妳求婚的，而且子鼠入辰龍之庫，當然也代表目前都已住在一起了。

應用例4: 先誠心誠意默念,並同時充分洗牌:我父親
的身體狀況如何?

　　默念完後抽出第一張牌,假設為卯兔者先將此牌放
在桌前左手邊,再默念一次,抽出第二張牌,假設為巳
蛇其組合為卯兔與巳蛇的對應關係,再翻閱130頁。
其解析如下:

卯兔　　與巳蛇

的對應關係

　　卯兔有春天欣欣向榮之氣,富有想像力與創造力,
聰明、有智慧;巳蛇則有夏日艷陽的蓬勃朝氣,願意為
別人犧牲奉獻、付出,具有領袖的魅力;卯兔遇巳蛇太陽,
卯兔會快速成長、活耀,他們倆者相當有默契,總覺得
內心有很多話要向對方訴說,視對方為最懂自己的知
己。

　　特別的是當卯兔遇到困難或挫折的時候,巳蛇總是
會給卯兔相當大的鼓勵,因此當他們有好的計畫或是想
法時,便會滔滔不絕地把自己的企劃、心思全倒出來。
兩人成為可以互相說心事的朋友。

以卯兔對應巳蛇來說，巳蛇讓卯兔得到人生的舞台，得以發光發亮，讓卯兔在舞台上有亮眼的表現，充分的發揮卯兔的迷人之處，並因此得到名聲、金錢，甚至揚名海外，巳蛇也因卯兔的成長讓巳蛇得到了無限的成就感與喜悅。

以上解析代表父親如果是小病很快就復原的，但如果是大病，巳蛇會讓卯兔快速成長，無法控制了。

當然也可以在參考下冊第 125 頁，卯兔對巳蛇，內容十二細項的第七項身體健康:無法控制，宜速轉診。小病吉。以下截錄下冊第 125 頁，供參考。

卯兔對巳蛇	天時地利
1．工作事業	名利雙收，四通八達
2．機會運勢	有財有利，可擴大，但勿貪大
3．婚姻感情	一見鍾情。助力多。坦誠相處
4．金錢財運	能快速得財，貴人扶助
5．出行旅遊	晴空萬里。快樂平安
6．官司訴訟	真相大白、水落石出
7．身體健康	無法控制，宜速轉診。小病吉
8．求職異動	動者安，安者名利雙收
9．人際關係	天時、地利、人和。順利興旺
10．交易買賣	心想事成。獲利高
11．貴人方位	西南南之方位
12．失物找尋	通道處，馬上可尋獲

以上四個應用舉例，只要您照著方法作，依步驟作，常應用，就能斷驗如神，隨時隨地可占卜，但要注意四點：

1. 占卜時不可開玩笑、嘻鬧。
2. 酒後不可占。
3. 精神不好不可占。
4. 沒有互動的人，不能占；沒有人委託，我們不能幫他占卜。

只要避開以上的四點，保證百斷百驗，如同請一位專業諮詢師回家，隨時隨地可諮詢，遇到事情自己應用占驗，可保密隱私，讓自己有更肯定的結果論，也可開館為人占驗或研究套入八字、紫微斗數、陽宅、風水、易經六十四卦，是最有價值的一本工具書。

於下冊生肖占卜篇為十二大項目的查詢，翻閱的主要大綱，以此十二項當查詢、翻閱的主要大綱，此十二項目幾乎已含概我們日常生活中的所有重大事項的一切了，當然也可延申更細小的生活庶務，只要您熟悉之後自然可無限的延申。

認知自己的潛力，看透他人秉性
掌握致勝先機、人際之互動

12 生肖地支的特性優勢大解密

先認識 12 生肖、認識自己

每種不同的生肖地支，與生俱來都會有一些專屬的特性及性格，瞭解12生肖人地支的特性及性格。才能認識自己的潛力與看透他人的秉性，就會知道自己與其他生肖組合的優勢在哪？以便更好的發揮。同時也能瞭解到自己與其他生肖組合的缺點，儘量避免。而瞭解其他生肖，則有助於人際互動上加分。

這並非是要窺探別人的隱私，而只是從另一個側面去瞭解與周遭身邊的人互動，掌握更和諧的相處，也是保護自己，掌握先機最好的一種方式。也可透過十二生肖地支占卜牌卡，來檢視當下的優勢及弱點，應用生肖地支與生肖地支的交互作用，產生了組合氣的變化作為依據，相當神準喔。

生肖子鼠

機警、靈敏度、洞察力是與生俱來的天賦

老鼠在十二地支中用「子」來代表，於月令子月為十一月。節氣為大雪、冬至。時至子月，天寒地凍，大雪紛飛，氣候越來越冷，雪也越下越大，是名「大雪」即為子月。此時陰陽交接的時刻，六陰將過而冬至一陽生。方向代表為正北方，屬坎卦。在一天當中，子時指午夜十一時至凌晨一時，一般以一天的最後時刻晚上23：00 至凌晨 00：00 為晚子時，以新一天的開始為凌晨 00：00 至凌晨 01：00 為早子時。生肖之老鼠被稱為「子鼠」。五行屬陰水。

十二生肖地支的每一個代表動物，都代表著一種神秘的特質，也代表天地日月運行四季的軌道，即是春夏秋冬植物的生態變化，本套學理就用此生態四季之變化來作為推命的依據。子鼠排行第一，子鼠代表的是「智慧、記憶、機靈」。子鼠觀察敏銳、活動力迅速，有無比的靈性，生肖子鼠的特徵是具有相當高的靈敏度、相當機靈，而以五行木火土金水當中，只有木有生命，所以木代表人，那子鼠即為印星，代表智慧、知識、學習、研究之特性。

十二生肖的特性優勢大解密

　　因此，生肖為子鼠的人，無疑就有特別的靈敏度，及精明和機靈，行動迅速，順時應變，老鼠除了機靈、精明之外，還擁有不一樣的洞察力。我們常常認為子鼠生性通靈，能預知吉凶災禍，因為子鼠對自然界將要發生種種不測的天災，如地震、水災、火災、旱災、等都會做出一定的行為反應，這是子鼠具有的天賦特殊本能，只是有些限於我們自身的知識，還未能顯示出它神秘的律動罷了。子鼠在大家的心目中變成具有了通靈的能力及非凡的靈性與洞察能力。

　　子鼠的性格好動、活潑，有敏銳的洞察力，與那非凡的預知力和前瞻力。行事往往謹慎小心，因為處處提防、時時警惕，所以感受危機重重，反應也特別靈敏，一有風吹草動就會草木皆兵，所以於時間的代表為晚上的時分。

　　在鼠年出生的人，或四柱當中年、月、日、時有子鼠的人通常都會表現出應變能力強、機智、反應快、點子多、善解人意、多才多藝等等的特點。

子鼠天生有一副樂天命的模樣，他們伶俐、靈巧和活躍，具有多變的個性，子鼠他們能夠克服重重的困難，無論做什麼事情，通常都會撐到最終達成目的才會放手，並能臨危不懼。他們的目光銳利，能把握機會，並因此得到大發展。無論遇上什麼突發的困難，都能在短時間內解決，因而成功。

子鼠既有魅力又富有侵略性。會讓卯兔、巳蛇、午馬、未羊的人產生壓力，他們積極奮發追求成功，子鼠之人是行動者和決策者，果斷又勇於克服困難，擁有凌駕他人的權勢。他們天生具有領導者的魅力，善用謀略。因為子鼠具備天生的預示危險的能力，靠著天生的機警、靈敏和洞察力，化解掉許許多多的困難與阻礙，契而不捨而達到成功。

生肖丑牛

有條不紊、腳踏實地是成功的原因

牛在十二地支中用「丑」為代表，於月令丑代表十二月，俗稱臘月，節氣為小寒、大寒。時至丑月，為冬季最後一個月，寒氣入侵，大地寒氣逐漸加濃，萬里冰封，水澤腹堅，動物冬眠。方向為東北北，屬艮卦。屬黎明前的黑暗，在一日中，丑時指凌晨一時至三時，生肖屬牛被稱為「丑牛」。

牛的本性是穩定、有條不紊、腳踏實地、堅持的、感情用事，做任何事情都會在心中進行一番細緻的盤算，經過自己全盤理解之後才會作決定。

丑牛他們不輕易受他人或環境的影響，完全依照自己觀念和能力做事。擁有堅強的信念和強壯的體力，深思熟慮、有始有終、辨是非、按部就班，事業心強、循規蹈矩、墨守成規，不易接近。丑牛智多、頭腦清晰、聰明、沉默寡言，那不屈不撓的特性，被樸素冰冷的外表所掩飾。

丑牛凡事都經過深思熟慮才作決定，並且能有條不紊地做好每一件事情，責任感強、腳踏實地，只要有任務的地方，就有丑牛之人。丑牛也具有天生的領導才能，會用紀律約束別人，而且過於嚴厲。也因此，他們會得到有名望的人士和領導者的信任。丑牛是一個能靠個人奮鬥、單打獨鬥而獲得成功的人，墨守成規，堅持每個崗位都應盡職盡責，但往往會將別人的工作設置障礙，尤其讓子鼠、卯兔、辰龍、申猴、亥豬，這五種生肖地支屬性的人，備感壓力重重。

丑牛之人很固執，處事不圓滑，做事一板一眼，不知道如何關心別人，這使丑牛不適合從事人際關係互動和精細的工作。但丑牛的誠實、不做作和堅實的原則很受人尊敬、愛戴。

然而，丑牛的人往往比較呆板，也不會圓滑處理事物，一旦發脾氣就將事情搞得一發不可收拾。一旦丑牛的人發起脾氣來，將會有雪崩的可怕事情發生，這時屬丑牛之人會失去理智，會像一頭鬥牛攻擊擋路的每一個人，此時唯一可以解決的辦法是避開丑牛，不要與丑牛正面交峰，阻擋雪崩，要讓屬丑牛人慢慢冷靜下來，即可透過溝通化解。

十二生肖的特性優勢大解密

丑牛除了奉行有條不紊的做事原則外，也是十分講誠信的，厭惡半途而廢，只要答應了人，一言既出，駟馬難追。丑牛會堅持固定的模式，讓人都可以預料到丑牛人的行動。

丑牛的人只懂得按部就班地做事情，尊重傳統觀念，謹慎小心，腳踏實地，才能永遠立於不敗之地。丑牛的頭腦不是雜亂無章的，是完全靠堅韌的意志和不屈不饒、循規蹈距的精神，通過自己艱辛的努力而得到最佳的成果。

生肖寅虎

擁有群眾魅力，敢於接受挑戰

老虎在十二地支中用「寅」為代表，月令以寅月為元月，是一年的開始，節氣為立春。時至寅月，三陽開泰，代表生氣蓬勃，草木回春，花草樹木茁壯而長，東風解凍，蟄蟲始振，準備迎接小陽春的到來。方向為東北東，屬艮卦。在一天當中，寅時指凌晨三時至五時，太陽升起、冰雪解凍之時。十二生肖老虎被稱為「寅虎」。

虎年生人，喜歡探索所有新的事物，俠義心腸，創意十足，財官雙美。老虎在十二生肖中排名第三，雖然不是排行老大，但生肖寅虎卻是擁有群眾魅力，敢於接受挑戰。

寅虎的人好奇心強、勇敢、活力十足、好動、自尊心強，有勇氣又不乏權威。獨立自主，喜歡單獨行動，不願接受別人的意見，不太合群，喜歡當領導者，開拓新事業。老虎勇於創造，行動範圍很廣，精力充沛，它可以往返千里。所以寅虎的人胸懷大志、充滿理想，常離鄉背井到異地去求發展，接受挑戰成為領導者。

寅 虎為山中之王，十分有魄力，能煽動別人的情緒，天生就有種權威的氣概，做事豪爽，為人也很阿莎力，能讓周遭的人都很尊敬他。寅虎討厭別人給他制定目標、規章制度，但卻喜歡自己制定遊戲規則讓別人尊守，寅虎他們不喜歡在同一個單位而沒有變動，他喜歡變化，不喜歡受到別人的支配，從人群中可分辨出來寅虎獨特的個性魅力，因為寅虎他們，喜歡與人爭辯，從不認輸。只要他認為是對的，一定會堅持到底。

寅 虎的人一生都致力於開創新的事業，有旺盛的企圖心，所以他們往往能成為某一新興行業領域的開創者。寅虎之人，很重視結果，想要永立於不敗之地，者要防止做事急進、魯莽、情緒衝動及忽視風險，才不會以失敗收場。這一點，寅虎之人一定要特別牢記在心，加以提防，改掉自負的習氣，就更容易成功了。

寅 虎之人討厭規則，除非規則是自己定的，寅虎之人喜歡制定遊戲規則，卻討厭別人制定的規則，因為他們不喜歡受外力條約限制。寅虎的人不容許自己走錯路，他們遇有挫折、阻礙或失敗時，便會當機立斷，改變方式從頭做起，直到成功為止，這就是寅虎要從丑土脫穎破土而出時，會面對死裏逃生的經歷，因此也奠定日後能面對惡劣環境的挑戰。

生肖屬虎的人或四柱八字有寅虎的人，個性較為執著，強硬專斷獨行，喜歡冒險，能迅速適應新的環境，越挫越猛，當機立斷、雄心萬丈，對自己充滿自信。冒險精神過於常人，做事積極、意志堅強大膽表達自己，能統合不同意見來處理問題。熱愛活動，好出風頭，具有強烈的好奇心，對未來充滿理想，性情坦白磊落，容易贏得上司或朋友的信任。

寅虎的人從外表上看起來，都是屬於不怒而威的人，深具自信，擁有群眾魅力，屬領導者之人物。天生喜歡接受不同的挑戰，喜歡擁有自己的舞台，不喜歡服從別人卻要別人服從他們。寅虎即為甲木，性格剛毅永不低頭，凡事求完美，不完成絕對不罷休，因此身邊不乏崇拜者追隨，是一個理想型的領袖。

十二生肖的特性優勢大解密

生肖卯兔

想像力豐富，創意十足，敏捷快速者

兔在十二地支中用「卯」為代表，於月令為二月，也就是仲春之季，表示草木萌芽快速成長，節氣為驚蟄、春分。卯月之時，雨水多，春雷和流動的水，驚醒了藏在地底下冬眠的各種昆蟲，使牠們紛紛甦醒於大自然當中，草木也將開始茂盛。方向是正東方，屬震卦。在一天當中，卯時指上午五時至七時，是太陽逐漸東升，萬丈光芒一直在放射稱之天光「卯」。所以，生肖屬兔被稱作「卯兔」。

卯兔於大自然上為春天之嫩葉，花草樹木蓬勃而生；於動物習性是一種無聲溫馴的動物，沒有尖牙利爪，沒有爭鬥力，不具攻擊性，長相顯得很可愛。從運勢上來看，卯兔屬於小花草、藤蔓，適應環境能力很強，卯兔的人一生有速成之功，不會像寅虎的人，必須從丑土艮卦脫穎破土而生，如此那樣的大起大落，而卯木是在春天暖和的氣候中求進步發展。春天之時，想像力豐富，創意十足，敏捷快速是卯兔的特性。

卯兔的人個性上很好，敏捷、溫和、文靜、謙卑有禮；創意十足、善良、心性細膩、純樸，富有責任感。卯兔的人對朋友禮尚往來，熱情大方而優雅，坦誠相見，毫不虛情假意，渴望愛與關懷。但對初次認識的人會保持一定的距離及警惕性，會用時間來證明此人是否可以互動深交；卯兔屬春天開創之氣，代表童年少年時期，他們最珍惜少年時代那種純真的友誼。卯兔年出生的人或屬卯兔的人喜歡安靜的環境，熱情但很含蓄，熱愛藝術、想像力豐富，很有創意，平靜溫和，不會輕易為了一些小事就去觸犯他人。

卯兔之人活力充沛，有很多的優點，卯兔春天開創之氣，心思細密，個性溫柔體貼，善解人意。個性善變，看似保守但略有野心，頭腦冷靜，喜愛熱情陽光般的愛情生活，也喜愛大自然的景物。善於交際，人脈佳，為人和氣，話題豐富有趣，談笑風生，處事謹慎。

卯兔的人，工作績效都是卓越的，善良慈悲，平時不會堅持自己的主張，不會輕易動怒，厭惡與人爭執，因為卯兔春天之氣心地仁厚，無論在事業或家庭中，往往都有很好的應對及互動。卯兔之人樂於工作且不躁進，認真細緻，一絲不苟，會事先規劃再盡全力完成，有高

十
二
生
肖
的
特
性
優
勢
大
解
密

度的責任感和敬業精神。在家庭中，卯兔的人對子女慈祥溫和，嚴格管教；對父母則時時刻刻銘記其養育之恩情，會儘量給家裏人帶來歡樂，而使不愉快的事煙消雲散。這是卯兔之人在家庭、事業上的特性寫照。

卯兔之人來自春天柔和之氣，是快樂的象徵，他得天獨厚，創意十足，專業水準高，含蓄，文雅，也容易與人相處，為人謹慎。本性是善良的，機智而謹慎。卯兔的缺點是容易嬌矜自滿喜歡造作，說閒話。卯兔們是善於交際，很喜歡參加聚會和社交場合，品味極高。當然，有時也會變得喜怒無常，意念不集中；在這種時候，就會背離自己的環境，導致力量分散，容易一事無成。卯兔的人內心有時是相當頑固的，更不會讓生活過於單調乏味，會不斷製造生活情趣，但有時過於謹慎不願向人吐露心事，長時間下來可能出現情緒問題，而失去機會。此時最好往郊外，多接觸大自然太陽的熱情，即可轉化情緒了。

卯兔的人很文靜，在性格和處事上，獨力自主，悟性極佳，他們創意十足，往往具有堅強的意志，在關鍵時刻能夠處理得有條有理、準確地追求著自己的目標，堅定不移的自信心，使得在團體中深受重視與肯定，這一些，是卯兔之人的性格特質，也是成功的關鍵所在。

生肖屬龍

具有吸引群眾的魅力，成為眾人討教的「明師」

龍在十二地支中用「辰」為代表，在於月份辰月就是三月，節氣為清明、穀雨。時至辰月，清明之節，明潔景色，草木繁茂，大地一片清爽宜人，明麗舒暢，故取名「清明」即為辰月，方向指東南東，屬於巽卦。在一天當中，辰時指上午七時至九時，也是五陽一陰之地，生氣蓬勃，太陽普照的時刻，冠帶之位大家著裝準備出門上班就學。所以，生肖屬龍被稱為「辰龍」。

十二生肖地支中，生肖所代表的十二種動物，只有龍是虛構的動物，而且認為龍是最吉祥的動物。乃因為龍本身具有春、夏、秋、冬的特性。

龍於辰代表春天，春天之氣，花草蓬勃而生，象徵著變化莫測，能無中生有，春天之氣。

龍具有馬一樣長臉、蛇一樣身軀，蛇、馬代表夏天之氣，象徵著活耀光鮮亮麗，活力十足，夏天之氣。

十二生肖的特性優勢大解密

龍背上有數十、數百片鱗片，如同秋天果實纍纍，結滿於果樹中，四肢則像雞爪，此代表秋天肅殺之氣，雞爪（酉）象徵為收成、為秋收之意，秋天之氣。

龍既能在空中騰雲飛舞，代表著申狂風，又能潛入於水中，神出鬼沒，變幻莫測，象徵著冬藏水之情性，冬天之氣。

所以四季元、亨、利、貞代表日、月運行，炎黃子孫，生生不滅，永遠流傳，世人對它的仰望，成為最具有代表性的吉祥動物。

龍年出生的人或屬辰龍之人，因有神龍般神秘變幻莫測的特質，所以具有吸引群眾的魅力，富有野心、喜歡冒險、永遠充滿活力，追求浪漫的生活，加上求知慾強，而且，不拘泥於世俗之見，自然而然成為眾人討教的「明師」，也身具著領導者的風範。

辰龍是理想主義者，天生就是優秀的領導人物，事事都要十全十美。無論對自己或對別人，辰龍處事都十分嚴格，追根究底甚至達到挑剔的程度，他們做事謹慎小心，腳踏實地、善於思考、行動能觀前顧後，有穩紮穩打的習性。不輕易受他人或環境的影響，總是依照自己的軌道做事。

辰龍屬土,所以能在採取行動之前,事先作好規劃,一番深思熟慮,而且有始有終,不斷努力向前,擁有堅強的信念和強壯的體力,明辨是非、按部就班,事業心強,但是脾氣比較暴躁,有時常給人一種不夠理智的感覺。

辰龍的人,有令人無法抗拒的群眾魅力。他們的魅力足以俘虜你的心,除去你的防衛意識,讓您心甘情願,使你欣喜若狂地跌落在辰龍水庫當中。特別是屬龍的女性,也會有著極強的吸引力,感性而不失實際。當她們出現時,仍會吸引群眾,吸引所有人的注意,焦點在於她們的言談舉止。辰龍散發著無窮的精力與健康的體魄,似乎不會感到疲憊。

辰龍通常充滿自信,也善於利用環境,懂得投資理財,創造財富,經營事業能獲得成就。

龍年出生的女性,總會有意無意地表現出超過一般女性工作能力的女強人姿態,這種表現常導致男性的畏懼感,而延誤了她的婚期。不過就一位現代女性來說,龍年出生的女性是能裡外兼顧、外出工作、幫助家計、典型的成功女性。

十二生肖的特性優勢大解密

辰龍的人，天生都具有權威，瞭解人心與人性，溝通能力強，任何事都無法難倒他，這種出眾的風采，別具魅力，不僅對辰龍的感情有利加分，他們也將這種魅力用在事業上。

屬辰龍的人並不貪求權力，卻能擁有權力；不貪求金錢，錢財卻主動而來；不喜歡主動與人互動，卻擁有超強的群眾魅力。因為辰龍他們與生具來就已經擁有了這些的福報了。

生肖屬蛇

熱情無私，志向遠大贏得成功

蛇在十二地支中用「巳」為代表，於月令巳月就是四月，於節氣為立夏、小滿，是孟夏時分，夏季開始，萬物蓬勃而生，花草樹木茂盛美艷，節氣穀雨之後，太陽北移，氣候轉熱，時序進入夏天，故取名「立夏」，即為「巳」月，方向是東南南，屬巽卦。在一天當中，巳時指上午九時至十一時，六陽之氣太陽光熱更強了，氣流開始形成，已快到了中午。所以，生肖屬蛇被稱為「巳蛇」。

以實質的動物習性來說，通常蛇給人的印象不佳，行動閃爍，有陰險狡猾的習性，不光明正大。但事實上以十二地支的情性，巳蛇代表太陽火，光明正大，只懂的付出，因為六陽之地，有種潔癖，也代表主動熱情，適合當協調者。也因巳蛇之人熱情無私，志向遠大贏得成功。

十二生肖的特性優勢大解密

巳蛇年生的人或屬巳蛇之人,大都有冷漠的外表,聰明靈性,其實內心有其熱情的一面。因為在十二地支中,巳和午都屬火,「巳」的人亮麗熱情,光芒四射,但溫度不高,「午」馬的人,溫度高,但沒有巳的光鮮亮麗。所以蛇年之人或屬巳蛇之人,魅力四射,適合從事民意代表、公眾人物、諮詢師、心靈導師。

巳蛇具有強烈開創性和探索慾,喜歡冒險,能賦予大地能量,讓萬物蓬勃而生,快速成長,巳蛇他們會努力完成任務,並勇於接受挑戰,而不喜歡守成,能鞭策自己往前邁進的路,最後又能將事情完美達成,有崇高的理想,喜歡傳道授業解惑,屬於開創型的領導者。

在十二生肖中,蛇是唯一的冷血動物,蛇無足但卻善於鑽洞和快速進行,所以太陽是最快的驛馬,其性內冷外熱。生肖屬蛇的人都有冷靜處事的一面,外表冷靜,會沉著鎮定地觀察周遭的人事物,並靜態地執行自己的工作任務。巳蛇主動熱忱,願意幫助他人,遇有新同事或新朋友,會主動協助對方,所以容易受人歡迎且信賴,也能成為代表性的公眾人物。但有時也因為吝嗇,太過於矯情疑心較重,所以在人緣方面也有時好時壞的情形出現。宜善用輕鬆柔軟的話題,來化解緊張,拉近人際的距離。

屬蛇的人溫柔感性，充滿浪漫的氣息，善解人意，十分有魅力。他們喜愛亮麗、漂亮的服裝和配搭，同時也喜歡名牌，是一個公眾人物、知識份子。做事總是活力充沛、堅持到底，最討厭半途而廢的人。而且有很強烈的探索慾，這正是他們堅持、克服困難，繼續做下去的動力，最終達成預設的目標，而成功吸引大家的目光。

　　巳蛇之人對研究非常熱愛，對工作很狂熱，做事有計劃、有目標，無論做任何事都必須經過深思熟慮之後才會去執行，好奇心很強，所以連周遭的人、事、物都也想知道。儘管不愛製造流言、說長道短，但也以瞭解別人私事為樂趣。這種容易妨礙到他人、引人不悅的行為，建議放棄，並把時間精力放在知識的累積上，會更有成就的。

　　巳蛇對於喜愛的人、事、物，必用專業的能力努力爭取，也善於利用捷徑，有捷足先登的魅力。上進心強烈、專注力高，使他們能獲得一定的成就，而光宗耀祖。

生肖屬馬

發揮無限的創造力，實現目標與計劃

馬在十二地支中用「午」為代表，月令以午月為五月，於節氣為芒種、夏至，稻穗結實採收，暖氣到了北方之後，就適合有芒的農作物生長，又有小滿的塘水可灌溉，解決農作物怕乾旱的問題，故取名「芒種」即為午月，方向是正南方，屬離卦。在一天當中，午時指上午十一時至下午一時，即十二時前後，陽光與溫度最為猛烈。所以，生肖屬馬被稱為「午馬」。

在十二地支以午來代表馬，是取午的溫度極高、猛烈有烈馬之意。午馬年出生的人或屬午馬之人天真浪漫、愛幻想、熱情，兼具樂觀與行動派，崇尚自由，喜歡到處旅行。屬馬的人性情開朗，且有樂天的人生觀，藝高膽大，有規劃能力。做事積極，有不服輸的氣質，可塑性高，自由奔放不善保密，直率好動，樂觀友善，與他人相處融洽，人際關係極佳，親切不吝照顧別人，廣結善緣。

午馬活力十足，具有行動力，做事喜歡搶先一步，具有強烈的企圖心，不肯服輸的性格，凡事都能激勵自己，工作認真負責。平時健談、風趣迷人，喜愛熱鬧，浪漫熱情為人外向有行動力，也富有同情心，所以到處都很受歡迎。

午馬屬火，火性猛烈、多變，因而常常導致忍耐性的缺乏和脾氣的爆躁、衝動，爆跳如雷、怒火中燒，難以控制自己的情緒，這些是午馬之人他們的缺失，也是最主要的絆腳石。午馬的人做事愛表現、直率，但常常不能持久，剛開始會積極進行，但無法貫徹到底，會給人有始無終的印象，所以會被誤以為沒有責任心。但午馬只要有群眾團體的掌聲，只要群眾的稱讚和崇拜，便能誓死達成任務了。

正因為如此，午馬很容易年輕時便展現頭角，小有成就，但若沒有繼續充實知識、擴展專業技術，可是無法持久的，也無法讓事業體持續進展下去。

十二生肖的特性優勢大解密

所以馬年出生或屬午馬的朋友，要訓練自己的耐性，做事要負責到底，貫徹始終，在年輕的時候，就要奠定好自己才能的基礎，使自己的事業一直保持進步與擴展的趨勢。午馬樂觀而健談，與他人相處融洽，朋友很多，常能得到朋友的幫助。但也因心直口快的毛病，易得罪朋友而自己還不知道，所以要注意自己的言行舉止。

屬午馬的人善於言辭，大多具有強勁的說服力，聰明樂觀，有領導群眾的魅力，點子多，有種不認輸的潛在特性，幹勁十足，決定做的事不輕易改變，縱使遭到挫折，也會向目標勇往邁進，堅持到底發揮無限的創造力，實現目標與計劃，終獲得成就。

生肖屬羊

能作適當的讓步，維持友誼好關係

羊在十二地支中用「未」為代表，於月令為未月就是六月，節氣小暑、大暑，氣候炎熱，夏天第三個月，天氣比以前更熱，是名「小暑」即為未月。方向為西南南，屬坤卦。於一天當中，未時指下午一時至三時，正是午飯後休息時刻，俗稱「天官賜福」。所以生肖之羊被稱為「未羊」。

於動物的習性，羊是一種溫馴的動物，能作適當的讓步，和人類關係也很密切，沒有戰鬥力。未羊具有堅韌的耐力與刻苦耐勞的精神，感性、善解人意、具有同情心，柔順溫雅的儀態，能作適當的讓步，來維持良好的友誼關係，未羊直覺敏銳，與人相處融洽，認真上進；對任何事情都顧慮周到，這也就是屬未羊之人的基本特性。

十二生肖的特性優勢大解密

羊於十二地支中代表未土，即為天干的己土，己土有強大的生命力和意志力，進取的個性，能冷靜的分析事物，處理事情不衝動，適應力很強，柔順溫雅，有很好的人際關係，能得到他人的好感，人緣佳，會圓滿完成工作任務。

未羊的人，常在幼年時受父母嬌慣寵愛的，未羊有顆純潔、善良的心，又善解人意，也富有同情心，偶爾也會小糊塗；未羊屬高溫之土，較不慷慨、大方，也因此較能快速得到了金錢物質。未羊能讓甲、乙、寅、卯木快速成長，有被重視的價值，一生無論走到哪裡，都有很好的人際關係，他喜歡與人交往互動，能以誠相待，因而得到她人好感，是個業務高手，不過有時會因一時的迷失而將事情搞砸了，但是未羊他們的適應能力很強，很快又可重回人生舞台。

屬未羊的人直覺敏銳、心思細膩，相當重視小細節、段落分明能將工作處理得有條不紊，從中來彌補自己的薄弱之處，善於利用巧妙的言語與暗示，來獲得自己渴望得到了物質。

屬未羊人的人能隨遇而安，能以真誠感人的態度，代替諸多的言語，而獲得他人的信服，但對於他人過份的錯誤，或是荒唐的要求，寧願暗怒不語還是持不滿態度的，堅持己見。對於自己的專業，也相當的堅持，會力爭到底來護衛，相當的有自信。

　　未羊代表己土，己適合甲、乙、寅、卯木成長，所以尤其這四種天干、地支的人都蠻喜歡主動接近屬未羊的人。因為未羊他們心地善良，樂於助人，也樂意與他人分享自己的感受，有豐富的感情與同情心，能吃苦耐勞，而頗受大家的歡迎。但未羊之人要特別謹記，因為是高溫之土，土以水為財，有時容易因一時的迷失，一味追求名利，而沉迷於紙醉金迷之中，迷失自我。未羊之人能在自己的專業領域追求成就，能在自我要求下工作，發揮自己的才能而功成名就，得到如雷的掌聲。

十二生肖的特性優勢大解密

生肖屬猴

聰明靈巧，願意冒險追求理想

猴在十二地支中用「申」為代表，於月令當中申月就是七月，節氣為立秋、處暑，是秋季的開始，秋高氣爽之季節，秋風漸起，穀物將成熟，開始秋收準備冬藏了，草木已停止生長，取命名「立秋」即為申月。方向是西南西，屬坤卦。在一天當中，申時指下午三時至五時，果實即將成熟，準備收成之時，稱未成熟的果實，也為狂風、暴雨的颱風之月，考驗之季。生肖屬猴被稱為「申猴」。

於動物的習性，猴是聰明機智靈巧的動物，與人類習性最接近的動物，人類是從猴類進化而來的，所以，猴類也具有人類般的聰明與特質。屬申猴的人從小就聰明穎悟，有自己的做法，喜歡表現，不愛讀書，但卻能在工藝、才藝、技術方面有良好優秀的成績表現，能發揮一技之長。

因此，屬申猴的人活力充沛、才智高、才華洋溢、魅力出眾、敢於與眾不同，能不斷追求創新，聰明機警，且有細密傑出的頭腦，善於蒐集資訊，研判情勢；有競爭而敏捷的手腕，為達成目標，努力積極，表現深受肯定，而成功。

屬申猴的人個性剛強，企圖心旺盛，對工作有狂熱的潛在性格，講究興趣，能為興趣不惜一切，努力追求。但對於不願意做的事，總是拖泥帶水，無法有專注力，常常掉以輕心。但是對於有興趣的工作，他們會全身專注地投入，反應敏捷，不怕艱難，不加思索，為達成目標，廢寢忘食，不顧一切完成任務。

屬猴的人有爆躁傾向，對身邊的人有太過躁進的批評，這時就必須稍微放緩腳步，不要輕啟承諾、不要輕浮、果斷來修正自己改正。屬申猴的人喜歡表現，希望獲得他人注目的焦點，申猴之人在家庭中，也能體貼入微，照顧周到，表現良好。

十二生肖的特性優勢大解密

申猴的人通常是少年得志、發達的運勢，才智高且頭腦聰明，眼光獨到，行動活潑、反應快、好動且伶俐、敏捷。喜好競爭，具有良好的領導力與創造力，有俠義心腸，能見機行事。社交手腕高明，能言善道，不喜歡被人約束控制，喜愛追求新鮮事務。聰明、機智、善解人意、有野心，很有幹勁，有極強的自我表現慾。有藝術、表演、模仿的才華，很會行銷自己，也適合業務推廣的工作性質。

申猴之人體力充沛，做自己興趣的事情都能全力以赴，達觀機智，勇於面對挑戰，對環境有很強的適應能力，生性頑強不服輸，懂得把握機會，而能居領導地位，求知慾很強，但好學易不精，理解力強，頭腦靈活很有創造力，能運用專業知識，創造成功。

但是屬申猴的人缺點，容易衝動、沒有耐心，愛說大話，急於表示自己的意見，有點不腳踏實地的感覺，生性愛自由，尤如西遊記的孫悟空，爆發力強，但缺乏耐心毅力，好表現和愛慕虛榮，容易喜新厭舊，做事常一時興起，但都不會持續很久，常常半途而廢，沒有耐心，有時狂妄自大，過分樂觀，不聽別人的建言。有時為了達成目的不擇手段而失去友誼。

　　總言之，雖然申猴之人機智靈活，好學不倦、好奇心旺盛、執行力強，什麼問題都難不倒申猴，但是如果無法靜下心來，持之以恆，專心聆聽別人說話，把這份聰明用偏了，甚至用錯了方向，就無法以德服人，可就聰明反被聰明誤。所以要善用天生的活力與魄力，帶動團隊，就能將事業達到最高峰，將事業版圖拓展到世界的每一個角落。

學理應用篇：

◎民國 48 己亥年 8 月 7 日的『八七水災』為壬申月，強風帶來大量壬水，造成大水災。

◎民國 98 年己丑年 8 月 8 日的『八八水災』也為壬申月，同樣也造成大水災。

◎民國 100 年辛卯年國曆八月為丙申月，丙火會驅動庚金，造成大的強風、海嘯。

◎民國 101 年壬辰年國曆八月為戊申月，大風都被高山擋住，所以風小也沒什麼雨，只有沒有戊土高山的地方，才會有災情產生。

生肖屬雞

人生的價值在於「做自己」，取悅自己而活

雞在十二地支中用「酉」為代表，於月令為酉月就是農曆的八月，節氣為白露、秋分，代表果實成熟之月，7月申猴過後，秋意漸濃，草木的葉子上出現特別潔白晶瑩的露珠，是名「白露」即為酉月，此時，是莊稼成熟、收割豐收的季節。天高氣爽，氣氛肅殺。方向是正西方，屬兌卦。於一天當中，酉時指下午五時至七時，表示豐收享成，下班回家的時間，已忙完一天的工作，回到家中享受豐盛的美食。所以，生肖屬雞被稱為「酉雞」。

屬酉雞的人，性格基本上有兩種的特性，一種的特性愛好閒談，總會製造出不少閒言閒語，個性率真，心裏想什麼都表現於臉上。另一種特性是喜歡「做自己」，不為取悅他人而活，對朋友總是以誠相待，洞察力強，善察言觀色。屬雞的人如果出生在破曉時分的寅虎時或天亮之卯兔時，先天都有很好的求財機會，能得到果實豐收享成。

屬西雞的人於八卦中為兌卦，兌為口為悅，所以喜歡語言上的表達，屬西雞的人天真浪漫，愛幻想，「酉雞」的特徵是外表看似激進、活力十足、自命不凡，而內心卻安逸享成、保守、拘泥於傳統，雖然樂觀友善，不吝於幫助他人，但由於不好拒絕他人的要求，往往給自己造成太大的壓力；在前進道路上受阻礙時，常常不知所措，甚至連小小的問題都無法解決，產生密雲不雨的現象、徘徊途中，一無所就。所以屬西雞之人，在遇到阻礙時，必須透過積極、主動、熱情，產生火的元素，就能化解心中迷惑，解除、密雲不雨的現象，才能贏得好的聲譽。

屬西雞的人，人生的價值在於「做自己」，以取悅自己而活，而且做事有十足的計畫。他們精明能幹，生性堅強率真，組織能力強，嚴肅認真，善於溝通協調，待人直率，直覺敏銳，遇事果斷。在處理任何問題時都要按計劃章程去落實。

酉雞的人善於察言觀色、洞析人心，但由於敏感的心理特點，卻支配著屬酉雞人情緒的起伏。他們注重事物相互間的聯繫，喜歡參與公眾事物，以探究真相，絕不會片面下定論，總是尋找資料的事實依據來加以證實真相，是個非常出色的調查員，因此總是能在團體中當協調者的角色，而且在工作中，能贏得好的聲譽，酉雞知道運用自己的智慧、獲得榮譽，運用高效率去得到報酬，同時也贏得主管的信任。

酉雞之人在工作中會製造出自己重要的價值。知道謹慎行事，才能使預期制定好的計畫，順利地進行下去，而獲得甜美果實，也知道精打細算，才能力求收支平衡，得到豐收。

屬酉雞的人雖然安逸享成，但懂得理財，製造非凡的價值，也懂的時間的分配，相當珍惜自己的時間，酉雞做事有計劃，潔身自愛，能讓朋友看到他生活中的遠景，成為朋友喜歡與屬酉雞之人相處，深受上司信賴的原因之一。

生肖之狗

直覺敏銳、心思細膩，深受信任

狗在十二地支中用「戌」為代表，於月令當中戌月是九月，節氣為寒露、霜降，露白而氣寒，寒氣特別深，是名「寒露」也，是個收藏的季節，露水已寒，將要結冰，是入冬之前的景色，草木黃落。方向是西北西，屬乾卦。於一天當中，戌時指下午七時至九時，正是黑夜來臨，萬家燈火初上時分。所以，生肖屬狗被稱為「戌狗」。

出生在狗年的人或屬戌狗的人，纖細敏感，直率、誠實，具審美觀，為人仗義，對自己充滿自信，勤奮好學，也懂得充分的運用。戌狗的活躍特別引人注目，容易得到信賴，也容易得到異性的好感。然而，儘管戌狗的人企圖心旺盛，對自己充滿自信，情緒高昂，但內心世界卻存留著悲觀的阻礙，為那些不必要擔心的事情而焦慮不安，也常被那些新奇事物所吸引而衝動行事，或受騙上當。

十二生肖的特性優勢大解密

　　於動物的習性，狗是一種嗅覺十分靈敏，是一種警覺性十分高的動物，牠們能依靠自己的鼻子對周圍環境做出敏銳的判斷。長期以來的這種習性，讓戌狗對未知事物判斷的正確性相當的高。因此屬戌狗的人也擁有了這種敏感度，他們的直覺敏銳與生俱來就是最強的，無人可比。

　　有時候，戌狗的預感很靈，真的會變成現實。這跟他們的直覺是有極大的關連性。但無論如何，人生中無法欠缺一位屬戌狗的朋友來協助思考，避免衝動誤判情勢，大家都相信屬戌狗的朋友會給自己好的思緒。他們敏銳的直覺、心思細膩，深受信任，而且在某種程度上，突發狀況時，都能輕易擺平。

　　屬戌狗的人聰明認真，喜歡將自己的抱負埋在內心裡，不管對工作或家庭都很有責任感，而且默默地從事自己喜愛的工作，不喜歡為爭取榮譽地位而產生的競爭意識；他們願為社會平穩發展做出努力。坦誠、不裝腔作勢，有威嚴，好打抱不平，願意傾聽他人之意見及陳述苦惱之事。

　　因此，屬戌狗的人總是希望把事情做到盡善盡美，懂得如何與人和睦相處，很受大家的喜愛。屬戌狗的人對朋友的某些言行舉止上不滿時，也不會對朋友苛刻的要求。屬戌狗的人生氣或憤怒時，很快就消失，像火花閃電一樣，轉瞬即逝，無隔夜仇。

　　屬戌狗的人很重視家庭，言行既樸實又精敏，渴望穩定的生活，與別人發生衝突後，屬狗的人總是抱著解決問題的態度，而不會記恨在心，對朋友十分的忠誠，性格直率，當戌狗知道朋友需要他的時候，就會毫不猶豫地相助。戌狗的人不容易相信別人，只要一旦相信了就會坦誠相待，而且能充分獲得信任，如果別人批評到戌狗的朋友，反而會招受到戌狗的反擊及回嗆。

　　總而言之，屬戌狗之人在於人生中，對一切的行事判斷，人際關係，都會透過敏銳的直覺、細膩的心思，深受到重用信任而成功，而且戌狗之人有本事讓名望的人，對他恭恭敬敬，親臨拜訪，這是戌狗之人能收服丙、庚兩氣之故，且是先天的福德所致。

命名註解篇：

　　出生年為戌狗之人，以外面生肖姓名學來看，戌不可見日，因為『天狗蝕日』，所以名字裡忌用『日』。但實際上應該為出生年無法改變，所以代表自己；但是名字可以改變，可代表外在人事地物，名字有日火的字根對應宮位的人事地物會遇到年柱『戌』而太陽下山，被生年的戌狗收藏。

　　『日』太陽、火為知名人物、品牌領導者、執政者之代表，所以此等人見到戌者會太陽下山，表示戌者的能力很強，可以掌控這些知名人物，所以可以讓名字相對應宮位的人受到戌者的控制、掌握。

◎年柱丙午者為屬馬，若根據傳統五行『寅午戌』三合的方式來取名，取了『戌』的字根，會變成丙和午都會被戌狗收藏，功成身退、太陽下山，表示丙午者會為了『戌』字根名字的相對宮位的人失去自己的情性而疲於奔命。

生肖之豬

有領導的魅力，勇於主動追求理想

豬在十二地支中用「亥」為代表，於月令為十月，節氣為立冬、小雪，冬季開始，穀物收藏，時序入冬，取名「立冬」即為亥月，收割完成準備過冬，立下冬天正式來臨的標示。方向是西北北，屬乾卦。在一天當中，六陰無陽之地，亥時指晚上九時至十一時，是一日的結束，要邁向明日之前的時分。所以，生肖屬豬被稱為「亥豬」。

亥豬年出生的人或是屬亥豬之人，最具代表性的是有主動、積極、侵伐之特性，有領導的魅力，勇於爭取、追求理想、接受挑戰，也喜歡與別人分享自己的成就與所有。

屬亥豬的人精力充沛，不喜歡受約束限制的工作性質，會享受自己生活中的所有樂趣，也喜歡享受田園農家之農耕生活。屬亥豬的人個性叛逆，不喜歡受傳統束縛，勇於創新，一生勤勞積極主動，參加各項的活動都十分用心。他們能以堅強的意志、堅韌不拔的精神，繼

續勇往直前，承擔自己的一切工作，並會無怨無悔全力以赴的把工作完成。

屬亥豬之人很聰明，懂得保護自己的權利，追求自己的利益，也懂的使用策略、運籌帷幄的能力備受肯定。同時，屬亥豬之人勤懇勞動，勇於追求理想，他們會為自己努力辛勤勞動後的成果而自豪，對於工作上，也能應對自如。更有著強烈大權獨攬的激情快感，他們能夠以充沛的精力與耐力進行工作，真是令人欽佩。

但屬亥豬之人的能量有時也會轉變為壓力，因為大權獨攬雖有激情的快感與表現，卻也會成為負擔，責任越多，脾氣越大，越火爆。

亥豬的人努力的背後，隱藏著堅定的自信、紀律，只要亥豬的人就會想要坐在總指揮者的寶座上。亥豬的人會給自己設下不少的目標與遠景，具有很高的企圖心，喜歡追求權力與成就，能與朋友們保持良好的互動，一生中會以忠誠、為人著想的心境待人，能保持珍貴友情。屬亥豬之人雖然有主動侵伐的特性，但亥豬在別人不超越自己的底限時，是討厭與人爭執，而且善於調解他人的是非矛盾，真誠喜歡打抱不平、重視榮譽與可信確實，由此可使亥豬得到寶貴的精神財富，所以亥豬之人一定要好好加以把握。

但屬亥豬之人在慷慨大方的同時隱約存在了糊塗的觀點，也因不懂的拒絕而讓自己吃了大虧，使自己陷入危機的境地，這就是亥豬不懂的拒絕、慷慨所造成的危機壓力，要設法改變。

屬亥豬的人在人生當中會先經過金錢的困境壓力，最後才能滿載而歸。亥豬很容易相信別人所說的事情，甚至陌生人，最後吃虧上當，容易受蒙蔽，反倒成為犧牲品。要先經歷過此事之後才會謹慎小心，這一點，亥豬之人一定要特別加以警惕防範。

總而言之，亥豬之人為人很有正義感，重視榮譽，忠誠而寬容，這種性格會為亥豬之人贏得來自四面八方的機會。當朋友遇到困難時，亥豬的人也不吝於伸出援手，會挺身而出，毫無怨言。即使是別人所造成的錯誤，仍會盡力幫助別人、奔走解決困難。

亥豬的人喜歡將一些複雜的問題簡單化。這種特性能力，使亥豬的人深受朋友們的尊敬，同時也令亥豬的人做事總是充滿幹勁、感到自信。所以，如果你生於豬年或屬亥豬，就一定要好好把握好這些特性能力，這將成為你一生當中最寶貴的財富，也是讓您坐上總指揮寶座的原因。

不同生肖地支
不同契合度的結果論

十二生肖

瞭解生肖地支與生肖地支人之契合度，讓您即時掌握人事之對待、財運機會、工作事業、婚姻感情，找到屬於自己命中貴人。

　　不同生肖地支，就有不同契合度的結果論，也可透過自己的出生年生肖地支，讓您即使掌握人事之對待、財運機會、工作事業、婚姻感情，找到屬於自己命中貴人。不同的生肖相互間，會產生不相同的契合度。這種；能在無形中互相牽引的微妙關係是很神奇的，讓人覺得不可思議。但卻有無數的案例證明了這個事實，他們之間存在著相吸與相斥的關係，透過大自然生態習性地支之刑、沖、會、合、害的應用，所產生的力量程度上有不同的點線面，您如果想要掌握機會，要更加順暢，就應該對這生肖地支間的互動關係作瞭解，並能利用此關係來趨吉避凶。

人生百態，人與人之間的互動相處是非常微妙及複雜，本書生肖占卜篇，可透過生肖地支與其他生肖地支來做檢視，可用人與人之間互動或是應用占卜的方式來掌握人、事、地、物，它有一定的軌跡可追尋，可在您日常生活中找到實證來證明準確度，所以，本書生肖占卜篇的內容主旨在為你提供一個超級方便工具，讓您即時掌握人事之對待、財運機會、工作事業、婚姻感情，找到屬於自己命中貴人。

子　　　丑　　　寅　　　卯

辰　　　巳　　　午　　　未

申　　　酉　　　戌　　　亥

子鼠 與其他十二生肖的互動關係

　　屬老鼠之人，於十二地支為子水，為農曆的十一月份，仲冬之季，天氣冰寒，此水無法生卯兔所屬的木，反而會讓卯兔受傷。子水喜愛融入大地的資源當中，喜愛社交活動，擁有良好的人際關係，並能很好地適應周遭的各種環境。

　　子鼠善於思考、謀略、組識，積極地找尋舞台，求取成功。在他聰明、大方積極的努力之下，常常能如願以償，但在聰明的外表之下，常會讓自己忽略了關照別人，而讓別人誤認為有些自私的個性。子鼠能獨立地面對任何工作，然而卻非常需要朋友、家人及親密夥伴的認同與保護。

　　整體來說，屬子鼠之人，願意為他人改變現況、保守退居幕後之生肖為牛年生的人、龍年生的人、雞年生的人最為契合。當然如果您是用占卜的方式，那抽到子鼠為第一張牌，即代表自己，在抽出第二張牌，就是代表要問事項的對應關係，再來查閱子鼠對應十二生肖地支的關係，就能知道結果了。

　　以下，我們來瞭解屬鼠之人與不同的十二生肖他們的契合度，知己知彼，掌握致勝先機。

子鼠對應十二生肖地支

遇子鼠　知己相逢

遇丑牛　相敬如冰

遇寅虎　捨得付出

遇卯兔　危言聳聽

遇辰龍　投懷送抱

遇巳蛇　反覆不定

遇午馬　財源廣進

遇未羊　要言不順

遇申猴　得天福蔭

遇酉雞　宅男宅女

遇戌狗　難逃魔手

遇亥豬　盡興而歡

十二生肖子鼠

子鼠  與子鼠

的對應關係

子鼠屬寒冬之水，思路清晰、反應敏捷；水與水兩者是相同的，能夠快速相融成為知己、好朋友，但如果談到金錢利益時，因為子水為暗，並以火為財星，兩者的互動都不見到光明火的財星，彼此皆會用不光明的手段去欺騙對方，利用對方，這是因為他們之間都是屬冬天及黑暗水的原因。

合作之事，如果能與對方相互明定好契約、坦誠以對，則是一對最佳的朋友，子鼠加子鼠，力量會加倍，一定會所向無敵，成就一番大事業來，得到更好的金錢、利益。

以子鼠遇到子鼠，為比肩之氣，此比肩可得到好的人際關係，增加自信、能量，但卻無法得到金錢利益。宜用熱情、主動、積極化解火財星能量的不足。此組合最適合研究、研發、寫作，會有很好的靈感思微，創作研發出更精密的產品及著作。

子鼠 與 丑牛

的對應關係

在命理上稱子丑合，象徵結冰、冰凍、凍結，所以兩人在一起也沒有什麼要說的話，因為彼此的關係凍結、結冰了，即使在一起，氣氛也只會變得很奇怪。原因是丑牛太沉默、冰寒、老實忠誠。鼠則顯得機警、狡詐、多智，在外做事往往對不起牛。但倆人在一起卻冰凍如山，因此雙方也不會主動打開話匣子，也不會有什麼想交流的地方，沒有想要說的話，彼此少了甜言蜜語。

以子鼠對應丑牛來說為官殺之星，子鼠因丑牛而讓自身的理想無法快速達成，也因此行動力、企圖心開始減退，子鼠雖得到了事業，但卻無法自由自在的發揮，如同被招贅入丑家，一切受限聽命於丑牛，無法有自己的時間了。

> **如要化解：** 先從言語開始，說話別太尖銳，試著表達一些對彼此的關懷，多用甜言蜜語，多關心對方，表達內心的愛，將愛勇敢說出來，自然可化解冰凍了。

子鼠  與寅虎

的對應關係

子鼠屬冬天水之情性、足智多謀、智慧佳、頭腦聰明、眼光獨到。此冬寒之水對於寅虎春天木之生助、關愛，只讓寅虎覺得子鼠是多此一舉，子鼠成了熱臉貼上寅虎的冷屁股。

子鼠覺得的自己對寅虎一直在付出，希望能得到寅虎回饋。也因為寅虎是行動派的、理想主義者，而子鼠是頭腦派的物質主義者，所以說，理想方面和物質方面始終是有分歧的，此外，子鼠和寅虎之人的互動，少了坦白，坦白也就是火的情性，坦白為見光，有了火、有了光，彼此的合作、互動更契合，更能產生價值及利益。

以子鼠對應寅虎來說，寅虎為子鼠之食傷星，食傷星可讓子鼠得到了舞台，展現能力、才華，但兩者都屬寒冷之氣，這種表現是無法快速成名的，唯有等待丙、丁年、月的到來，脫離寒氣，才能名揚四方。

子鼠  與卯兔

的對應關係

子鼠屬冬季寒冷之水，對於卯兔春天木的生助，會讓卯兔覺得受傷，代表卯兔對於子鼠的主動關懷產生壓力，也因此卯兔對子鼠懷有極大的偏見，認為子鼠對卯兔好是有目地的，認定子鼠是愛鑽漏洞、耍小聰明的人；子鼠也因為卯兔對自己的偏見而鄙視卯兔，於八字學理上稱之子卯刑。

子鼠與卯兔這樣的倆人碰在一起，常常會因為一點點小事就爭吵不休，結果是誰也不讓誰，誰也管束不了誰、說服不了誰，弄得大家都不高興。倆人彼此有彼此的觀點，並沒有誰對誰錯，但透過積極、樂觀主動、熱情，產生太陽丙火的能量，就可以化解不必要的紛爭，也可得到該有的利益及理念、夢想了。

以子鼠對應卯兔來說，子鼠可一展身手、表現洋溢，得到了舞台表現得機會，但卻也帶來卯兔的壓力。因為子鼠寒水生春木之故。

子鼠 與辰龍 的對應關係

子鼠屬冬季寒冷之水，思路清晰、反應敏捷、頭腦聰明，對應辰龍春天之氣，認真實在，善於分析計劃、具有先天的福份。辰龍為先天之兌卦，為水庫，可收藏子鼠之水，他們倆者會成為好朋友，大家彼此都欣賞對方的才幹、能力。

子鼠對應辰龍就是子鼠心甘情願為辰龍守著家、守著共同的目標、守著共同的理念，倆人往往在計畫某件事的時候，雙方想法總是一致的，這種契合程度只有子鼠與辰龍才有的默契，此默契往往會讓事情最終出現非常理想滿意的結果，讓別人看了非常羨慕。

以子鼠對應辰龍來說，辰龍是子鼠的官星、事業，女命的老公、男友，代表女命會因為老公、男友心甘情願投入辰龍一手精心設計的陷阱當中；男命會因為子女而受限。男女命也代表因為事業帶來責任、壓力，心甘情願為事業而自我約束，無怨無悔投入。

子鼠  與巳蛇

的對應關係

子鼠屬冬季的冰寒冷水，也代表晚上、黑暗的情性，想像力豐富；遇到巳蛇為夏天火之氣，能充分發揮無限的活力，熱愛冒險。子鼠以火巳蛇及火午馬為財，子鼠得到了巳蛇的財，代表從黑暗變為明亮，透過子鼠的智慧變為財。

子鼠與巳蛇會成為很好的朋友，鼠遇到蛇，打開了話匣子，會有很多時間和機會一起互動聊天、說八卦、談心事、說事非。當然，巳蛇能提供求財之機會給予子鼠，巳蛇並藉此得到子鼠的智慧，因此成就了工作事業，當然也讓巳蛇產生了很大的責任及壓力。

以子鼠對應巳蛇來說，子鼠得到巳蛇火的能量，一切都成透明化，攤在陽光底下，接受檢視，無法再有所隱瞞，也代表子鼠有了巳蛇財星，得到求財之機會，兩人之互動不得不誠實以對、面對事實。

十二生肖子鼠

子鼠 與午馬

的對應關係

子鼠屬冬天的陰水，午馬屬夏天的陰火，同性質的陰水陰火相剋，子鼠得到午馬給的財利機會，得到事業、名望，成就自我，由黑夜暗地到光明，午馬的衝動，求新求變，因有子鼠而冷靜，但有時卻如同是死對頭，就像是水火不能相容一樣。如果要有好的互動關係，子鼠要盡快找到自己合適的舞台發揮表現，才能減輕子鼠對午馬的挑剔、緊迫盯人的情性。

子鼠與午馬有時候在溝通方面，也常弄得雙方大發脾氣，最後不歡而散，倆人最好找上屬虎的朋友，共同加入合作或互動，就能化解不必要的衝突，也可透過培養栽種植物興致，做氣的轉移，就能各自得到金錢、事業了，所以雙方在互動時，最好不要表達太多的意見。

以子鼠對應午馬，是子鼠會得到了金錢、感情，成就自我，也代表一切攤在陽光底下，受人之檢驗，光明以對，接受到更多的指教。

子鼠 與未羊

的對應關係

子鼠屬冬天的陰水，頭腦聰明、眼光獨到、足智多謀，智慧佳；未羊為夏天之燥土，重視物質生活、熱情、平易近人，此未羊之土最適合卯兔與寅虎之木成長。子鼠與未羊之互動，燥土約束子鼠之水。

在剛開始接觸的那段時期內，子鼠得到無形的智慧、靈感，未羊得到了金錢利益，倆者互相都會有好感，但是只要時間一久，子鼠覺得子水被未羊蒸發乾了，就會發生極大的意見，可以說，只有很短暫的友誼，如果要經得起長久時間的考驗，子鼠之人必須經常進修、學習，讓自身產生能量來源，子鼠的水才能足夠，才有更多的承載力，得到事業，未羊也可得到更多的獲利。

以子鼠對應未羊來說，未羊是子鼠的官殺，因此子鼠會受到未羊的燥氣之土，而產生極大的壓力，雖然也能得到無形的智慧及官貴、事業，但這種官貴、事業可是要付出很多的時間與體力，才能處於不敗之地。

十二生肖子鼠

 子鼠 與申猴

的對應關係

子鼠為安逸、靜態之水，雖為冬季寒冷的水源，但代表足智多謀，清閒、智慧佳，今遇到申猴的急風、暴雨，卻也讓子鼠處於動盪不安，開始勞動、奔波，產生了水的流動。

子鼠與申猴，他們倆者的關係良好，申猴會因子鼠而得到能力、才華、舞台，子鼠因想要得到一個安逸穩定的家，反而是動的不停，但子鼠卻似乎不太在意，覺得是一種甜蜜的負擔，也因而讓子鼠更有賺錢的能力與機會。倆人是非常有意思的一對朋友。

以子鼠之人對應申猴之人來說，申金可生子水，所以子鼠以申猴為印星，申猴給予子鼠得到學術、智慧、專業知識，讓子鼠更加有自信、能力，但也因此開始無法清閒度日，為家庭而努力付出。

子鼠  與酉雞

的對應關係

子鼠為寒冬之氣、為水，智慧佳、觀察細膩；酉雞為辛金，為沼澤之地，心思縝密、想像力豐富，倆者一拍即合，子鼠的水，水入酉雞之沼澤。

子鼠願意與酉雞共同開創另一事業，他們不只是普通朋友，或不只是做一般社交的應酬，而也是能進行大的交易和計畫，因為子鼠為水，加酉為酒，酒是經過發酵的，代表能做真心的深層溝通和交流，因為雙方都能坦開心防，把自己深深藏在內心裏隱私講出來，而營造更多的互信。

以子鼠對應酉雞來說，子鼠以酉雞為印星，代表子鼠因得到酉雞豐富的知識、智慧、學術，而心甘情願跟隨酉雞，心甘情願的對酉雞投懷送抱，為酉雞守著，提供給酉雞更多的機會表現、能力之發揮，發展更優秀的創造力，可以說是相輔相成。

子鼠　與戌狗

的對應關係

　　子鼠為寒冬之氣，為暗、為智、為水，頭腦聰明、腦筋動得快；戌狗為秋季之氣，為太陽下山時節、為燥土，燥土易吸水，子鼠水與戌狗燥土的互動，子鼠覺得不再是自由之身，壓力也變大了，燥土戌狗吸子鼠寒水，因此兩人能成為好得不能再好的朋友，當然這是從戌狗燥土吸取子鼠的角度來說，水被土吸了，融入燥土中，共依共存。但戌狗畢竟是高山土，只要溫度、熱情不夠是難以掌握子水的。

　　以戌狗之人對應子鼠來說，戌狗以子鼠之水為財，戌狗得到子鼠如同得到滿載而歸的黃金，得到財源、得到感情，戌狗必須不斷充實自己，才能繼續擁有。

　　以子鼠對應戌狗來說，戌狗為子鼠的官星，子鼠因得到戌狗而有了事業、官貴、名份，可全力以赴投入事業工作，雖然如此，子鼠在經營事業的同時，卻也無法有自由之身，會受限於戌狗。子鼠增加了責任、義務，當然也造成子鼠更多的壓力與負擔。

子鼠  與亥豬

的對應關係

　　子鼠屬陰水，聰明、想像力豐富、腦筋動得快；亥豬屬陽水，個性率真，別具魅力。倆者水上加水，都為冬季之情性，子鼠與亥豬彙集了智慧與執行力，子鼠與亥豬兩人可以一同出外遊樂，或者說些笑話，可以算得上是不錯的朋友。但是亥豬的侵略性格不能得到子鼠的讚賞。儘管如此，因為子鼠與亥豬的水是同祖源，所以他們在一起還是能夠和諧的相處及共事。

　　以子鼠對應亥豬來說，子鼠會以亥豬為主，乃子水屬較小的水，匯集後會流入亥水，為共同目標而努力，子鼠會以亥豬說了就算，這種互動為兩人的感情提供了穩定的發展空間。

　　子鼠與亥豬能攜手合作，為一個共同的目標而奮鬥，如能配合子鼠的智慧及亥豬的執行力，再加上主動、熱情，多關愛對方，就會因此而成就一番驚天動地的大事業來，也唯有積極、主動、熱情，才能營造更好的獲利空間。

十二生肖子鼠

丑牛  與其他十二生肖的互動關係

丑牛之人冷靜、執著、有邏輯，責任感強、有實驗的精神，意志堅強是勤奮牛的特性，固執而不自覺，容易堅持己見，為人重義氣。

丑牛於十二地支中為丑土寒凍之冰山，屹立不搖於大地中，丑牛行事謹慎、獨立，非常守舊，常有懷才不遇的感覺。丑牛可以說是物質主義者，財有進沒出，丑牛之人以水為財，水財遇丑凍結，所以能將財星牢牢的守住。雖然如此，因為丑牛非常忠誠，是可以信任的人，但卻是不好溝通的之人。

丑牛如面對愛情，當午馬火的能量進來時，一旦醋罈子不小心被打翻了，他將就會變成一頭失了方寸的瘋牛，如同冰山融化，具萬馬奔騰之勢，丑牛也會因為午馬的熱情而改變情性。

整體來說，屬牛之人與鼠年生的人、虎年生的人、雞年生的人比較契合。

以下，我們來瞭解屬牛之人與不同的十二生肖他們的契合度，知己知彼，掌握致勝先機。

丑牛對應十二生肖地支

遇子鼠　只進不出

遇丑牛　冰天雪地

遇寅虎　得天獨厚

遇卯兔　輕而易舉

遇辰龍　冰消瓦解

遇巳蛇　雪中送炭

遇午馬　冰消凍釋

遇未羊　思想兩極

遇申猴　擋人財路

遇酉雞　秋收入庫

遇戌狗　凍結財務

遇亥豬　離家出走

十二生肖丑牛

丑牛  與子鼠

的對應關係

　　丑牛為冬天寒冰、冷靜、執著、固執的冰山，外表常給予人冷冰冰的感覺；子鼠屬水，屬冬天靜態的水，靜止的水遇丑牛之冰有凍結之象，是丑牛凍結了子鼠的水，代表丑牛對子鼠雖然是合，是有感情之情愫，但卻相敬如冰。

　　丑牛與子鼠，他們倆者見面沒有什麼要說的話，話為水、為言語，水被凍結，即使在不得不說的情況下，兩人也只是重點提示，無法打開話匣子暢談，也只是隨便敷衍應對。因為丑牛與子鼠有凍結之象，雙方都不會將內心的感受坦誠告訴對方。所以，兩人在一起的時候，也都保持沉默相敬如冰，話語不多，但卻也彼此相知相惜，會關心對方。

　　以丑牛對應子鼠來說，子鼠為丑牛的財星，所以子鼠提供了物質、金錢、感情，給丑牛做最好的保障，丑牛得到子鼠的金錢、物質，也能好好的保存，學會了理財的知識，但金錢也只進不出；於人事的對待關係，也代表子鼠因為丑牛，而無法有自由之身。

丑牛  與丑牛

的對應關係

丑牛寒凍之地，冷冰冰之感，遇到了丑牛，兩者在內心冰封的世界裏，他們之間雖會有互不排斥的友誼存在，但彼此會互相爭權奪利。丑牛與丑牛，會將子鼠及酉雞作吸收，所以在同一家公司當同事的話，也會彼此明爭暗鬥，你怕我搶走機會，我也怕你佔上好處出名，總之是互相防著對方。

丑牛遇丑牛，話語不多，相敬如冰，同事們和上司對這兩頭牛的固執，也都看在眼裏，明白在心裏，卻沒有什麼好的辦法來化解彼此的堅持，只能賦予兩者有不同的職位、職責，來做有效的轉化。

當丑牛遇到丑牛的時候，也代表某些事是停滯的狀態，沒有進展，也代表沒有進步，與現況相同，彼此不動如山，堅持己見，當然也可代表駕輕就熟。可建議找午馬或寅虎或未羊之人互動、討教，來化解停滯的氣，讓氣活化起來，贏得更多的好評，將會有更好的機會結果，贏造更好的獲利空間。

十二生肖丑牛

丑牛  與寅虎

的對應關係

丑牛屬寒冬之土，重視傳統、講求紀律也很重視家庭，生性勤奮、堅持己見，不想放棄現況；寅虎屬春天之木，雖為春天之氣，卻不是很活耀，因經從丑牛凍寒之地而來，其性強韌，並最瞭解丑牛。

丑牛與寅虎他們之間有相當好的革命情感及友誼存在，他們天生相知相惜，丑牛給予寅虎展現魄力的機會，讓寅虎踏穩腳步，屹立不搖的成長茁壯，但性格上的差異很大，卻能有穩定的情誼。

以丑牛對應寅虎來說，丑牛是寅虎的財主，提供了家及金錢、機會、舞台，造就寅虎出類拔萃、有魄力，卻不會急切著想要表現。丑牛這座堅硬的冰山，因有寅虎而改變了思維及天生的堅持，將冰山慢慢融化，寅虎的根植入丑牛的心坎，創造了事業的成就，屹立不搖的穩站於丑牛的高山之中，造就了彼此的財官，金錢與事業。

丑牛 與卯兔

的對應關係

丑牛屬冬天寒冰之土，個性務實，平時過於嚴肅，遇卯兔的幽默機智春天之木，這異想天開的卯兔竟想約束丑牛，卯屬花草枝葉，丑牛為履霜堅冰，所以卯兔因而撞的滿頭包，卯兔枝葉、小草的木，無法經過嚴寒的冬天丑土。丑牛以卯兔為事業工作之星，這事業讓我丑牛輕鬆自在、駕輕就熟，而沒有任何壓力、責任，也代表卯兔這份的工作無法約束我，讓我丑牛經營事業更輕鬆、得心應手。

以卯兔對應丑牛來說，丑牛是卯兔的財星、金錢、感情，卯兔剋不動丑牛，代表卯兔是無法掌握這丑牛提供的金錢、財物、感情，即卯兔因為丑牛而產生了金錢的壓力。

以丑牛對應卯兔來說，卯兔為丑牛的官星、事業、工作、責任，卯兔所提供之事業工作，對丑牛而言非常輕鬆自在，因為丑牛不用親臨現場，就能掌握卯兔這份事業的一切工作流程。

十二生肖丑牛

丑牛  與辰龍

的對應關係

丑牛屬寒冰之土，為人很有正義感，喜歡打抱不平；辰龍則是夾帶春天木氣之土，他們之間會因思想觀念的落差，想成為知心朋友比較難，丑牛的固執會讓辰龍壓力重重，辰龍常為了替丑牛排憂解難，而身陷於不知又將有什麼突發狀況發生的憂鬱當中。

丑牛履霜結冰，會讓辰龍陷於人情債之壓力，唯有丑牛改變執著、堅持己見的個性，願意將一切分享給予辰龍，將冰冷轉為熱情，冰山才能融化成為水資源物質、金錢、福利，如此一來，辰龍以前的壓力、責任之付出，一切也都值得。

以丑牛對應辰龍來說，丑牛可得到辰龍之人脈之助力，卻也因此造成辰龍的壓力、傷害。丑牛若能透過寅虎或午馬之人的協助，就能突顯自身的價值，也能化解丑牛寒冬之氣對辰龍春天之氣造成的壓力了。

丑牛  與巳蛇

的對應關係

丑牛如同一座冰山，重視榮譽與形象，對朋友相當忠誠；巳蛇如同太陽火，熱情充滿活力與創造力。巳太陽照射在冰寒的丑土上，讓丑牛感覺到溫暖，他們倆者在性格上雖然會有很多相反的地方，但是，丑牛與巳蛇卻可以成為很好的朋友，只是巳蛇對丑牛的熱情付出，丑牛神經大條，較無法感受的到巳蛇的熱情，但巳蛇卻一直提供了能量、溫度、熱情、學術，給予丑牛最大的保障，丑牛也提供了舞台，讓巳蛇在舞上的表現，發光發亮，完美演出。

以丑牛對應巳蛇來說，巳蛇為丑年的印星，丑牛得到了巳蛇的知識、智慧、專業學術，並且能讓丑牛有一個溫暖穩定的家，也能讓丑牛魅力四色；丑牛為巳蛇的食傷星，能給巳蛇盡情發揮的表現空間，但丑牛卻不想參與其中，讓巳蛇如同熱臉貼丑牛的冷屁股，遭丑牛冷落的感受。

十二生肖丑牛

丑牛  與午馬

的對應關係

丑牛為十二生肖中的寒凍之土，個性務實、有專業的素養；午馬為夏天高溫的丁火，熱情主動、有愛心，丑牛的冰凍遇到午馬的火熱時，午馬會改變丑牛擇善固執的情性，但他們的共事卻也讓熱情如火的午馬，倍感壓力。

丑牛與午馬其合作則會形成午馬之火融丑牛之冰，即所謂的自古青牛怕白馬，但融冰之後，卻產生水火不容之勢，爭爭鬥鬥、吵吵鬧鬧是他們在一起時的家常便飯，但不可否認的是，確實午馬已讓丑牛改變的更有智慧、更嫵媚動人，而午馬只能自嘆！咎由自取。

以丑牛對應午馬來說，午馬同巳蛇一樣為丑牛的印星，丑牛可得到午馬提供的知識、智慧，及專業之助，但巳蛇改變不了丑牛，而午馬則能讓丑牛改變以往固執、堅持己見的情性，相對的是午馬必須為此背負層層的壓力與責任。

丑牛 與未羊

的對應關係

丑牛為寒冬冰凍之土，個性務實、腳踏實地，不易變通，常固執己見，行動常慢半拍；未羊為炎夏之燥土，行動積極，主觀重、不安全感也重，未羊喜歡開發新的工作領域及業務。

一高溫、一低溫，丑牛不能忍受對方未羊的脾氣，也看不慣對方的活躍，但不可否認的是未羊改變了丑牛的思想固執，也提供了好的學習環境給丑牛；未羊會因為丑牛，而身陷憂鬱當中。丑牛與未羊是凍土與燥土，彼此之間的對立關係，讓兩人在處理事情的觀念上落差更大，很難形成一致的共識。

丑牛與未羊皆為對方的比劫星，亦敵亦友，不同的是以丑牛對應未羊來說，倆人的互動，未羊雖然較為積極主動，但卻形成丑牛金錢投資上的付出、虧損，因為燥土的未羊能融化丑牛，並吸收丑年融化後所產生的水，水為五行土之財星，未羊因丑牛而得到更多的賺錢機會能力，也能得到金錢之助，而丑牛雖得到舞台的表現機會，卻也必須付出了極大筆的金錢做為代價。

丑牛 與申猴

的對應關係

十二生肖丑牛

丑牛為十二月寒冰之高山，屹立不搖，凍寒之氣，常常固執己見，不易變通；申猴身性好動，行動力強，喜歡擁有眾人的注目眼神，獲得別人掌聲。丑牛會喜歡猴子的活潑，而申猴也會喜歡丑牛的老實、憨厚、腳踏實地。

以申猴對應丑牛來說，丑牛可讓申猴在每次的行動之前，都能深思熟慮，而不致於太過衝動、急躁；丑牛能讓申猴更有智慧、更沉穩，並給申猴安定溫暖的家及後盾，所以兩人能相輔相成，成為不錯的朋友、伙伴，甚至是家人。當然申猴也成為丑牛最佳的代言人，申猴的執行力與行動力，補足丑牛多慮少動、沈默寡言、執行力不足的缺失。

以丑牛對應申猴來說，丑牛會因有申猴積極的態度及優秀的執行力與行動力來輔助，可將隱藏在內在的能力、才華、魅力，完整的呈現，申猴可說是丑牛最好的活招牌，也幫助了丑牛開拓出最好的行銷通路，贏得信賴，而獲得事業的成功。

丑牛  與酉雞

的對應關係

丑牛為冬藏之地，行事獨立、負責任；酉雞為秋天收成之果實，愛惜羽毛、佔有慾旺盛，能享成。酉雞入丑牛之庫，酉雞的成果、心血得以保存，倆人成為知心之交，無論是在人際互動、言語方面，還是在辦事成果方面，哪怕是微不足道的事情，兩人也會盡心盡力，合作到最好的程度。

因為雙方對彼此有一種深度信任的心態，酉雞對於丑牛是心甘情願聽命於丑牛，與丑牛結合在一起，就是這樣的彼此信任，使他們能夠放心地依賴對方，成為一對最佳拍擋及終身好友。

以丑牛對應酉雞來說，丑牛是酉雞的印星，印星為知識、學習，丑牛提供了安逸穩定家給予酉雞，讓酉雞得到了安全感，願意入丑牛的冬藏之庫。丑牛因為有酉雞，得以自在的表現出自己完美的一面，因為酉雞給予丑牛舞台、能力、才華表現之機會，讓丑牛不再是粗礦的土頭，而是藏有豐沛黃金的寶山金庫。

丑牛 與戌狗

的對應關係

十二生肖丑牛

丑牛為凍寒之冰山，情性上不容易變通，總是固執己見；戌狗為秋天收斂之氣，西北邊之高山，他們兩人最多只能和諧相處，無法產生深厚的友誼，因不動如山、各自為政的個性，無論是親兄弟也好、同事也好，或做朋友也好，只要大家能做到互不相犯，井水不犯河水，倆者間是沒有多大衝突可言的。

丑牛與戌狗如果能有進一步的合作，戌狗反而可以改變丑牛冰寒固執之特性，加上兩山夾一水，水為丑牛、戌狗之財星，反而可因此製造出更多的獲利及互惠的空間，就像得到一桶又一桶的黃金，有源源不絕、滾滾而來的財利。

以丑牛對應戌狗來說，倆人都屬悶騷型，但戌狗之地較為高溫，丑牛之地較為冰凍，所以若有互動，戌狗可改變了丑牛過度勤儉的特性，讓丑牛為了戌狗，捨得拿出一些積蓄，投資於戌狗之上，戌狗能影響丑牛的價值觀，使丑牛不再是守財奴，變成是位願意與人分享成果之人。

丑牛  與亥豬

的對應關係

丑牛為寒冷之冰山，行事獨立、負責任，腳踏實地，本位主義很重，不容易變通、固執己見；亥豬從戌狗之高山而來，為流動侵伐力強的水，主動積極、執行力強，能勇往直前。

亥豬因丑牛而改變了不經思考、衝動、侵伐的特性，也因此而得到丑牛給予的名份、地位，只是亥豬還是會認為丑牛約束太多，覺得丑牛礙手礙腳，亥豬以丑牛為官星，官星代表事業、工作、責任，亥豬會因丑牛而得到穩定的工作事業，也會因丑牛而得到智慧與安定的人生。

以丑牛對應亥豬來說，丑牛與亥豬倆人同屬寒冬之氣，是可以成為要好的朋友，丑牛得到亥豬，如同得到財源、財利，求財的機會變多，可得的金額也變大了，丑牛以亥豬為財星、為金錢、感情，這種的組合造就了雙方互謀其利，只要倆者多一分的熱情主動，將會有更多的財富及金錢來降臨，讓您滿載而歸。

寅虎 與其他十二生肖的互動關係

老虎於十二地支中為代表寅木，為農曆的一月份，春天之初季，天氣猶寒，以時辰來說，代表早上的三點～五點。寅虎具有領導者之魄力及遠見，可擔任創新、改革之職或自行創業；寅虎從丑牛十二月寒凍結冰之地而來，必須如同種子一樣，奮力伸展的破土而出，才能突破僵局，開創新局，主導自己的人生舞台；寅虎必須經歷過兇險之地，死裏逃生之事件，才能脫穎而出，成大功、立大業、就大事。

寅虎之人他會選擇挑戰乏人問津或尚未開發的市場，來創新開拓自己的人生道路。寅虎之人討厭不平等的社會階級不勞而獲的人，及與一成不變的生活模式，喜歡無中生有、獨立、勇敢、大膽，他的生活態度積極，隨時準備好面對挑戰，接受破土而出所發生的兇險及考驗。

　　整體來說，屬虎之人與兔年生人、牛年生人、羊年生的人、及馬年生的人比較契合，尤其是與屬狗之人更是能夠形成很好的合作關係，能因戌狗得到金錢，建立穩定事業或家庭。

　　以下，我們來瞭解屬虎之人與不同的十二生肖他們的契合度，知己知彼，掌握致勝先機。

寅虎對應十二生肖地支

十二生肖寅虎

遇子鼠　研究發展

遇丑牛　根基穩固

遇寅虎　兩強相爭

遇卯兔　成長茁壯

遇辰龍　財力雄厚

遇巳蛇　壓力重重

遇午馬　得天加持

遇未羊　坐享其成

遇申猴　考試驗收

遇酉雞　果實豐收

遇戌狗　穩定安逸

遇亥豬　休息等待

太乙

寅虎  與子鼠

的對應關係

寅虎屬元月春天之木，子鼠屬冬季水之情性，因水生木之情性，子鼠之水會去幫助寅虎之木，他們兩者之間本來可以有良好的友誼互動，但寅虎總認為子鼠是多此一舉，反而覺得子鼠囉嗦，雖然子鼠一直付出，但倆人之觀念、想法落差極大，原因很簡單，因為寅虎是精神理想主義者，而子鼠是思想物質主義者。

寅虎與子鼠在精神方面和物質方面的觀點及重視，始終是有分歧的，火為寅虎之食傷星，所以子鼠只要對寅虎多些熱情，產生火的能量，就能讓寅虎有更多表現的機會，以子鼠來說，火代表子鼠之財星、金錢、物質，代表此熱情、火之能量，使寅虎和子鼠兩人都能得到應有的利益了。

以寅虎對應子鼠來說，子鼠為寅虎的印星，寅虎雖然得到子鼠提供的知識、學術、智慧、生助、扶持，但對寅虎而言，子鼠的付出對他幫助不大，如同醉後添杯，也只能等到火之流年、月才能突顯子鼠帶給寅虎之助力及價值了。

寅虎 與丑牛

的對應關係

寅虎為春天之木、開創之氣，剛從丑牛寒凍之地破土而出，與丑牛之互動，兩者皆不畏寒冬，並磁場相近，是可共依共存的伙伴，因而建立出良好的友誼關係，他們的屬性非常緊密的互相牽絆，會在不經意的情況下相合在一起，因為寅虎是經過丑牛之地而來的，兩者的氣很相似，是天生最佳拍檔，雖然在性格上有極大的差異，但卻都有不怕吃苦的堅忍特性，所以能合作無間創造出好的成果。

以丑牛對應寅虎來說，丑牛以寅虎為官星、事業、名份，也因寅虎的成就，同樣可讓丑牛得到了穩定成長的事業，及超出丑牛預期的身份及地位，雙方相輔相成，共同開創人生。

以寅虎對應丑牛來說，丑牛是提供物質、財利的財星，讓寅虎得到了金錢、物質、地位的穩定性，使寅虎可無後顧之憂的專注在自己開創的事業上。丑牛造就了寅虎良好的基地，使寅虎處於不敗之地，一步一腳印，開創寅虎非凡的宏業。

寅虎 與寅虎

的對應關係

寅虎山中之王、指標性人物，寅虎為高大樹木的情性，寅虎遇寅虎為比肩對比肩，實力相當，也為兩強相爭，他們倆人可以英雄惜英雄，在事業上合作，找到共同的目標，共同開創事業。

如果在同一個部門單位裏有寅虎對寅虎這樣的伙伴、朋友，他們會互相協助成為最佳的拍檔，不管同事們如何競爭、如何排擠他們，他們依然會成為最有默契、最優秀的合作夥伴，交出旁人難以超越的成績。但如果是寅虎與寅虎兩人成為對手，互相競爭，因兩人實力相當、難分高低，若無他力介入，那將是一場高手對招、勝負難分的辛苦之戰。

所以寅虎之人與寅虎之人，只要放開心胸，接納對方不同的思維與意見，共同合作，可締造令人欽羨的事業高峰，在其專業的領域，必能獨占鰲頭，豎立引領時代潮流的指標，開創出非凡的輝煌大業。

寅虎  與卯兔

的對應關係

寅虎屬陽木，為高大的樹木、指標性的人物，具有吸引群眾的魅力；卯木屬陰木，為藤蔓、花草，喜攀附於寅木貴人之上，寅虎為卯兔的貴人，可造就卯兔扶搖直上，找到方向目標，讓卯兔得到成就。他們倆者有相當深厚的感情及連結緊密的互動關係。

以卯兔對應寅虎而言，卯木的黏密，讓寅虎難以招架，寅虎因而無法有自由之身，卯兔因為有了寅虎，找到了貴人，提升了卯兔的自信及人際關係，卯兔也因甲木而脫離危險之地。

以寅虎對應卯兔而言，卯兔為寅虎最佳得代言人，寅虎造就了卯兔良好的人際關係，寅虎因有了卯兔，代表寅虎一直在成長、茁壯，寅虎有足夠的能力，培育卯兔，倆者的互動相處，相當融洽，但也因卯兔緊迫盯人的熱情方式，而讓寅虎產生層層的壓力。

寅虎 與辰龍

的對應關係

寅虎屬春天之木，其氣猶寒，辰龍也屬春天的氣，代表低陷的水庫。寅虎與辰龍之對應，代表寅虎之木是一直在成長，辰龍給予寅虎養份、能量，讓寅虎可自在的成長、表現。寅虎與辰龍他們倆者可以成為知己朋友，兩者更會互相讚賞，英雄惜英雄，互相合作，有共同的目標。無論做什麼事情，兩人都會合作得很有默契及愉快，即使是遇到最挑剔的領導者，也會因為他們卓越的工作能力而讚賞。

以辰龍對應寅虎而言，寅虎製造了名份、地位、官貴，給辰龍得到了權貴，讓辰龍突顯其才氣、地位，成就輝煌的事業版圖。

以寅虎對應辰龍而言，寅虎遇到辰龍，代表其氣一直在進步，得到良好的時機、環境，也讓寅虎脫離寒冬之氣，可成為實力相當優秀的指標性人物。也代表辰龍提供了金錢、舞台、機會，造就寅虎成長茁壯，成為業界的風雲人物。

寅虎  與巳蛇

的對應關係

寅虎屬春天之寒木，經由丑土凍寒之高山而來，巳蛇為夏天太陽之情性，寅木需要巳蛇能量的照射，如同植物需要陽光來行光合作用，巳蛇的能量能讓甲木更上一層樓，而巳蛇也能藉由甲木來展現他的能力，他們倆人因此成為了很好的朋友。

以巳蛇之人對應寅虎之人來說，寅虎是巳蛇的印星，也就是巳蛇可因得到寅虎春天之木，獲得大展身手的機會，而突顯自身所擁有的價值，也讓寅虎得到了食傷星所代表智慧、學術、知識成長，也讓寅虎更加的聰明、有見識。

以寅木老虎對應巳蛇來說，因巳蛇太陽火能量之放射、照耀，讓寅虎枝葉茂盛，蓬勃而生，寅虎得到巳蛇雖然可脫胎換骨，但同時也形成寅虎諸多的壓力，寅虎遇到巳蛇，巳蛇可助寅虎他找到屬於自己舞台的表現。但在寅虎得到巳蛇熱情的關愛，長滿了樹葉、亮麗的毛髮之時，代表根基的樹幹、骨骼卻不長，寅虎就得要承受這些茂盛的枝葉所帶來的壓力。

十二生肖寅虎

寅虎  與午馬

的對應關係

寅虎屬春天之木，也代表樹幹、大樹；午馬有夏天炎烈之情性，代表高溫之能量、磁場。寅虎與午馬兩者之互動，直來直往，不加掩飾，他們會經常辯駁，找對方的錯誤，雖然總是在鬥嘴、爭論，但他們就是喜歡這種共處模式，用他們共通的觀點去互相欣賞對方，即使有再多的機會在一起共事，他們也會一如往常的用這方式相處。他們不論是在共同合作或各據一方的工作領域中，常常相互激勵，相互影響。

以午馬對應寅虎之人，寅虎因為與午馬的互動，而得到能量、磁場，造就了寅虎的成長，樹幹茁壯，也得到了發光、發亮的舞台，完美展現出他與眾不同的魅力及優美的姿態，兩人不但是誰也離不開誰的知己，也是能互謀其利的戰友。

　　以寅虎對應午馬來說，午馬得到了寅虎之智慧、知識及庇護，因為寅虎為午馬的貴人及助力之印星，而午馬也可讓寅虎成長茁壯，成為寅虎最大的貴人，造就寅虎亮麗的人生；寅虎對午馬來說，因木為自然界財星，可代表財，以寅虎為印星的午馬，自然也能獲得寅虎給予財利上的幫助。

寅虎 與未羊

的對應關係

寅虎屬春天猶帶陰寒之氣的木、為樹幹、大樹，遇到未羊夏季之燥土，倆人一拍即合，能合作得相當完美，未羊之土代表積極的思考方式，負責決策也提供了土地、機會給予寅虎，而寅虎付諸行動執行，兩者有密不可分之情誼。

以未羊對應寅虎來說，寅虎提供了事業、名望，讓未羊可以發展，得到了名份、權貴、事業之成就，倆人可說是各取所需，共謀其利，提高自身可被利用的價值，兩人之合作可共同完美達成上司所交付的任務，所以寅虎遇到未羊，是豐收、享成的。

以寅虎對應未羊來說，未羊提供了財星讓寅虎得到了賺錢的機會，大發利市，因財星也代表感情，所以也能得到感情上的好結果，共依共存，寅虎因有屬夏天之土的未羊所提供的機會，即將結出甜美之果實，得到財利，穫得豐碩的成果。

寅虎 與申猴

的對應關係

寅虎為春天之木，其氣猶寒；申猴為秋天肅殺之氣，其氣屬金，行動有魄力，執行力強但性情上陰晴不定，穩定性差。寅虎與申猴之互動，因申猴的魄力及難以預料的行事作風，使寅虎身感壓力重重，他們的關係變得有些複雜。申猴之金為秋天的強風，寅虎為春天之木，強風大作時，寅木會首當其衝的受到波及，有被連根拔起的威脅性，申猴的強勢表現讓寅虎不服氣，但為了雙方著想，寅虎最好能學習低調行事、少出風頭，避免兩敗俱傷。

以寅虎來說，學習就是代表引動了子鼠之氣，子鼠為寅虎之印星，一來增進人脈之擴展，二來可讓自己得到更多的知識，三來可化解與申猴互動產生的壓力，而且還可以因透過子鼠，從申猴身上得到權貴，才不會因為彼此自我意識過盛，誰都不肯讓步，最後到頭來搞得不歡而散，也因此而傷感情，反而因寅虎之進修、學習，而得到專業知識與實質的名份、地位、成就事業，造就官、印相生之好格局。

117

寅虎 與酉雞

的對應關係

寅虎屬春天之木、春耕開創之氣，個性率直，能勇於表達自己的意見；酉雞為秋天之氣，為雲霧也為果實，但遇寅卯木時可成為秋收的成熟果實，也有安逸享成的象。

以酉雞之人對應寅虎之人來說，酉雞因為有了寅虎之木，不再是虛無漂渺的雲霧，而是可以提高了自身被利用的價值，成為高價值性的果實，也製造出更多得財的機會，寅虎與酉雞倆人在共同創造利益及成果的行動上，總是能製造出更多的機會及價值，是一組默契十足的最佳拍檔。

以寅虎之人對應酉雞之人來說，酉雞為寅虎甜美之果實，不在是雲霧，春耕的寅虎因得到了秋收的酉雞，突顯出酉雞本身的價值，也能說寅虎因酉雞而得到了成就、名望、官祿、貴氣，也得到了收成，享福及金錢的豐收。對寅虎來說，與酉雞的對應，可成就寅虎事業上的成功與豐收。

寅虎  與戌狗

的對應關係

寅虎屬春天善長之氣，其氣猶寒、其性蓄勢待發也為春耕之季，善於執行創新、開創型的任務，會為了達成使命，而不顧自身安危的一直往前衝，往上成長。戌狗屬秋天收斂之土，十分忠誠、懇切，戌狗之土能讓寅虎奠立穩定的根基，並為寅虎提供了物質、金錢及安全的避風港，造就寅虎之人成為大樹，茁壯而長，成為阿里山的神木。

善於開創的寅虎與專注於守成的戌狗，雖然專長和觀點都不同，卻不因此有損兩人之間的信賴，他們倆人無論發生了什麼困難，他們都會並肩作戰去克服完成，誰也不會輕易放棄一切離開對方。正因他們都同樣的重視友情，且信守承諾，在一起共同克服難題之後，會使他們的友誼更加的堅定和長久。

以寅虎之人對應戌狗來說，戌狗提供了穩定安逸的家給予寅虎，寅虎也因為有了戌狗，而得到金錢、物質，而成就了根基穩定的事業，才能常立於不敗之地。

119

十二生肖寅虎

寅虎 與亥豬 的對應關係

寅虎為春天之木，其氣猶寒、其性蓄勢待發，善於執行開發、創新，努力茁壯而長；亥豬為冬天之水，其性主快速、侵伐、滲透，兩人皆屬主動出擊，行事作風上一拍即合，若再加上有午馬之人相助，便能成為叱吒商場的最佳拍檔。

以寅虎之人對應亥豬來說，亥豬流動之水對寅虎諸多的付出、關愛、生助，但卻超出寅虎所能接受的範圍，讓寅虎深感困擾、疲憊不堪，無法自在的發揮原有的實力及才華。冬水本來就無法直接生木，也代表寅虎會因亥豬的關係而學習到錯誤的知識、學問，反而會讓寅虎作出錯誤的選擇，陷入麻煩當中，也就是亥豬之水的印星對寅虎之人來說只會幫倒忙；此組合於易經六十四卦上稱「水雷屯」，其象為水困木的象，而非水生木。

　　建議倆人之相處模式，宜多接觸大自然、陽光，產生火的能量、元素，以化解水困木之情性。尤其可多多與午馬之人互動甚至合作，就更加理想，更容易建立起良好的友誼關係，為彼此製造更多的福蔭及機會。

十二生肖卯兔

卯兔 與其他十二生肖的互動關係

兔子在十二地支裡，為卯木之代表，此為草木蓬勃而生的仲春之季，於時辰為早上五點～七點，卯兔們喜愛祥和舒適的大自然及有陽光朝氣的草原生活，在紛擾動盪或濕度太高之亥水與子水的區域，反而會讓卯兔他們受傷，產生疾病，因為亥豬的水與子鼠的水對卯兔會產生壓力、傷害。卯兔在陽光普照的環境之下，越能發揮其優雅的氣質及快速繁衍生殖的特質，此象我們稱為火來生木，也就是指太陽的普照，能讓屬花草、小樹木的卯兔蓬勃而生。

卯兔親切和藹的性格，培養出很好的人際關係，卯兔之人警覺性高，對陌生的人、事、物極度的敏感，會主動避開任何可能引起的紛爭衝突的場合。卯兔的所有行動都經過深思熟慮，在未十分確定環境明朗、安全無慮之前，卯兔絕對不會輕舉妄動，讓自己一腳踏入金錢陷阱或感情的糾葛裏。

　　整體來說，屬兔之人與寅年生的人、蛇年生的人、龍年生的人、羊年生的人、屬猴的人都比較契合，與同屬兔之人更是能相知相惜，成為一起開拓創造事業知心好友。

　　以下，我們來瞭解屬兔之人與不同的十二生肖他們的契合度，知己知彼，掌握致勝先機。

卯兔對應十二生肖地支

遇子鼠　寒窗苦讀

遇丑牛　被情所困

遇寅虎　目標明確

遇卯兔　人多口雜

遇辰龍　財利豐收

遇巳蛇　天時地利

遇午馬　人緣桃花

遇未羊　私相授受

遇申猴　名揚天下

遇酉雞　功成身退

遇戌狗　穩定成長

遇亥豬　家運不興

卯兔 與子鼠

的對應關係

卯兔為春天之氣，屬快速蓬勃而生的枝葉、花草、藤蔓及水耕的植物，警覺性高；子鼠為冬天之水，其氣冰寒。子鼠對卯兔獻殷情，如同寒冬之水來生春木，反而讓卯兔壓力倍增。

卯兔對子鼠懷有極大的偏見及不安全感，認為子鼠是有目的而來；子鼠也因為卯兔對自己的偏見而自覺的吃力不討好。兩人如要化解彼此的誤會，可用行動、熱情來產生火的能量，將子鼠的寒冬之水，變為溫暖可用的水，如此一來，卯兔即能感受到子鼠的關懷了。

以卯兔對應子鼠來說，子鼠為卯兔的印星，子鼠提供了印星、學術，對卯兔之生助、關懷，讓卯兔得到學問、知識、助力，但這種的知識、學問、助力卻反而讓卯兔受困、傷害，因為學習到錯誤知識、學術。宜透過巳蛇之人或未羊之人的協助，來化解子鼠在無意中對卯兔造成的傷害。

卯兔 與丑牛

的對應關係

卯兔生性活潑、快速生長、有活力，喜愛陽光及祥和的大草原；丑牛為冬天之氣，卻如同冰山美人，寒氣逼人，讓卯兔覺的丑牛是個令人難以招架，相當麻煩的人，使卯兔退避三分。

以丑牛來說，卯兔為丑牛的官星、事業工作，但面對這份事業，卻讓丑牛沒有成就的感覺，乃卯兔的官星是無法在丑土上穩定成長，最多只能曇花一現，當然也代表著丑牛經營事業是不會受到卯兔的牽絆，也不會受到責任之約束，輕鬆自在。

以卯兔對應丑牛來為說，丑牛是卯木的財星，代表金錢、利益、物質，但這樣凍寒的丑土財星，單靠卯兔自己的力量是難以取得，想說服精打細算的丑牛來付出金錢或感情，得需要午馬或未羊之人相助。卯兔凡事小心翼翼，尤其是有關感情之事，因為深怕身陷感情的迷失之中，而一切化為烏有，所以在感情上總是無法百分之百投入。

126

卯兔 與寅虎

的對應關係

卯兔為春天之氣，屬小花草、藤蔓、樹葉…等能快速成長之植物或短期農作物，寅虎也為春天之氣，但屬大樹、指標性人物，卯兔遇到大樹，如同遇到可扶搖直上的目標，寅虎對卯兔之人的目標，存在著絕對性的影響力，寅虎可成為卯兔的大貴人。

以寅虎對應卯兔來說，卯兔對寅虎的依賴、黏密，卻讓寅虎喘不過氣來，直呼受不了，當然也可代表寅虎之人挪出機會給予卯兔，讓卯兔得到成長、進步，扶搖直上，得到更多的自信與擴展人脈，此時的寅木當然也是受益匪淺，可栽培出相當有成就的得力助手。

以卯兔對應寅虎之人來說，寅虎讓卯兔得到了方向目標，使卯兔可以成長、進步，增加了人脈也提升了人際關係，得到的名譽、名望，也可成為對卯兔最有益的工作伙伴。

十二生肖卯兔

卯兔 與卯兔

的對應關係

卯兔為春天之氣，屬小花草、藤蔓、枝葉，才華洋溢，富有想像力與創造力。卯兔遇卯兔有著密不可分的關係，關係互動良好。是一對感情很好的知心朋友，兩人之間擁有包容之心和寬容之量，思路敏捷，不斷求新求變。

他們倆者不會因為各自的利益而吵架，但會兄弟爬山各自努力，也會暗地努力提升自己的競爭力，他們更不會因為對方說錯一句話而放在內心，而是兩者各顯神通，拓展人際關係。

以卯兔對應卯兔來說，同屬性、同氣，彼此相知相惜，互相瞭解、熟悉。比肩遇比肩，實力相當、力量相同也為複製的象，不分勝負，也代表沒有改變、沒有進展、沒有進步。唯有自身更積極主動、更熱情、活耀，才能快速得到能量，快速成長，也能擁有更亮麗的舞台展現，得到更多的金錢及成就。

卯兔 與辰龍

的對應關係

卯兔為春天之氣，個性率直，能勇於表達自己的意見，也很有說服力。是屬成長快速的枝葉、花草、藤蔓；辰龍為春季之水庫，收藏水資源，準備夏天灌溉用的水，想像力豐富，創意十足，有高貴的氣質。卯兔遇到辰龍倆者都為春天之氣，一拍即合，成為知心的好朋友，能共同達成目標。

以卯兔對應辰龍來說，卯兔遇到辰龍之貴氣、能力、環境，如遇春天之朝氣，能讓卯兔學習成長，辰龍為卯兔的追尋目標，讓卯兔力爭上游，帶動了卯兔的鬥志、企圖心，所以辰龍能讓卯兔更積極的去爭取，得到財利、提升能力。

卯兔之人會挖空心思地想藉由對方辰龍來讓自己獲利，增加自己的實力，而辰龍之人也不吝給予卯兔幫助及鼓勵，兩者因而成為知己，卯兔造就了辰龍良好的事業版圖；辰龍帶給卯兔得到滿載而歸的金錢、物質及成就，快速名揚天下。

卯兔 與巳蛇

的對應關係

卯兔有春天欣欣向榮之氣，富有想像力與創造力，聰明、有智慧；巳蛇則有夏日艷陽的蓬勃朝氣，願意為別人犧牲奉獻、付出，具有領袖的魅力；卯兔遇巳蛇太陽，卯兔會快速成長、活耀，他們倆者相當有默契，總覺得內心有很多話要向對方訴說，視對方為最懂自己內心層面的知己。

特別的是當卯兔遇到困難或挫折的時候，巳蛇總是會給卯兔相當大的鼓勵，因此當他們有好的計畫或是想法時，便會滔滔不絕地把自己的企劃、心思全倒出來，兩人成為可以互相說心事的朋友知己。

以卯兔對應巳蛇來說，巳蛇讓卯兔得到人生的舞台，得以發光發亮，讓卯兔在舞台上有亮眼的表現，充分的發揮卯兔的迷人之處，並因此得到名聲、金錢，甚至揚名海外，巳蛇也因卯兔的成長讓巳蛇得到了無限的成就感與喜悅。

卯兔 與午馬

的對應關係

　　卯兔為春天之氣，在大自然中屬於能快速成長的枝葉、花草、藤蔓，也為水耕植物；午馬為夏天溫度極高的能量。卯兔因午馬產生的能量而成長，促成他們倆人之間的良好友誼關係發展，在友情才剛萌芽的階段就認為對方是真正的知己朋友。但剛開始因為午馬溫度太高，午馬對卯兔的過度關心，反而讓卯兔感到困擾、壓力倍增，使卯兔心裏產生戒備、抗拒及想逃避的想法及行動。

　　如果午馬能不要把全部的心思投注在卯兔身上，只做出適度的關注，那經過一段時間之後，卯兔適應了午馬的熱情，他們倆人的友誼因而互相產生助力，漸漸的得到加深，並成為真正的知心朋友，卯兔也因午馬，而更有能力、才華，去爭取到舞台發揮專長，從商則能快速佔有市場，得到成就，及賺取金錢、財物，對於卯兔可說是名利雙收。

卯兔 與未羊

的對應關係

十二生肖卯兔

卯兔具春天蓄勢待發蓬勃之氣，喜歡變化、思路敏捷，不愛墨守成規，為枝葉、小花草、藤蔓，也可為水耕植物；未羊為夏季良田之土地、鬆軟的土，精力旺盛，很會理財。

卯兔遇到未羊有著相見恨晚的情結，進而產生了黏密的感情，建立良好的友誼，雙方只要一見面，就有說不完的話。卯兔喜歡未羊之土，因為未羊之土有可讓卯木充分利用的養分，卯木可藉由未羊得到甜美豐碩的果實，及穩定的事業、感情、金錢，造就卯兔開疆闢土的企圖心，成就輝煌的人生，未羊也因有卯兔，而得到事業版圖，奠定江山。

以卯兔對應未羊之人來說，卯兔讓未羊有穩定的事業發展，讓未羊得到名望、成就；未羊提供了金錢、物質、安逸穩定的家給予卯兔，讓卯兔無後顧之憂，更有自信、能力，賺取一筆又一筆的財富。

卯兔 與申猴

的對應關係

屬兔的人和屬猴的人，雖然一個屬春天蓬勃之氣，一個屬秋肅殺之氣的申猴，但卯兔身段柔軟不會正面與強勢的申猴產生衝突，反能相互的仰賴對方的優點而得到好處；卯兔與申猴倆者為相合之情性，合者有情，對卯兔而言，申猴有卯兔所欠缺的果決及膽識，加上卯兔需要申猴的熱情，才能讓卯兔得到傳播之氣、得到了自信、機會，造就卯兔可得到甜美之果實。

以申猴對應卯兔來說，卯兔是申猴的財星，卯兔提供了金錢、物質給予申猴，讓申猴有更多本錢，可放手去做，獲取滿載而歸的成果。

以卯兔對應申猴之人來說，卯兔因為得到了申猴熱情支持、幫助，提供了良好的資訊，雖申猴帶給卯兔一些甜蜜負擔，但也讓卯兔得到了事業、工作，成就名望之氣，使卯兔能全心投入事業工作，讓卯兔擁有事業的舞台，使倆人感情上的連繫成為密不可分的關係。

十二生肖卯兔

卯兔 與酉雞

的對應關係

卯兔為春天之氣，為小花草、枝葉、藤蔓；酉雞為秋天收成之季的果實。卯兔遇到酉雞，代表結成甜美的果實，但酉雞為碩大的成熟果實，對小花草的卯兔而言，面對這種的成果，可讓卯兔吃盡了苦頭，費盡九牛二虎之力才能取得，雖然酉雞帶給卯兔豐收，但也成為卯兔甜蜜的負擔。

卯兔從酉雞身上得到光鮮亮麗的事業、舞台，但也帶給卯兔沈重的負擔，在享受甜美果實之後，即將肩負起難以抗拒的責任、壓力。卯兔最好多多學習，讓自己得到一些專業知識而成長，並多與巳蛇之人學習或戶動，以舒解酉雞帶來的壓力。

以卯兔對應酉雞來說，雖然卯兔因為酉雞而得到成果、事業、名份，但也因為酉雞而造成卯兔最大的負擔。建議與酉雞對應的卯兔不要急著享福、享受豐收的成果，要不斷的學習成長，才能化解酉雞對卯兔所產生的考驗了。

卯兔 與戌狗

的對應關係

卯兔在春天之季，代表藤蔓、花草，此時的花草、樹葉生長快速、活力充沛，靜不下來；戌狗為秋季收斂之土，他們兩者剛開始的互動，必須經過一些時間磨合，才可以成為知心的朋友，因為卯兔很難改變戌狗，必須對戌狗採取諒解、包容的心態，而戌狗對於卯兔的敏感、易不安的個性，也得多多付出關懷，用溝通的方式，互相去理解和支持對方，這樣卯兔與戌狗他們的友誼才能繼續的走下去。

以卯兔對應戌狗之人來說，戌狗提供了土地、財星，能讓卯兔得到金錢、物質、利祿，給予卯兔有個穩定家的感覺，帶給卯兔安全感，讓卯兔得到財利。但這一切金錢、物質及歸屬，也必須要卯兔用心學習熱情或與戌狗經營溝通、採取甜言蜜語，並且投注心力去認真的學習專業知識，得到更多的實力，才能掌握擁有戌狗所提供的財星、金錢、物質。

135

卯兔 與亥豬

的對應關係

卯兔為春天之木，其性柔和，活動力強，活力充沛，喜歡不停工作；亥豬為晚上、寒冬之水，反應迅速，有強烈的好勝心。亥豬的水會對卯兔的木諸多的呵護，但卻讓卯兔覺得幫倒忙，反而是成事不足，敗事有餘。亥豬對卯兔所提供的資源、幫助，不但無法為卯兔加分，反而讓卯兔受到損傷，產生壓力及不安。

以卯兔對應亥豬來說，亥豬讓卯兔學習到錯誤的學問、常識、專業知識，亥豬對卯兔造成的傷害，無法讓卯兔快速成長，結成果實，而且亥豬完全是狀況外，不知自己已造成卯兔的壓力了。

化解之法：為兩人常去參加戶外活動，多接觸大自然、陽光，因為陽光對代表大海的亥水有淨化的作用，讓亥水變成可用的水，提高亥水給卯木利用的價值，就可化解亥豬對卯木無意間造成的壓力及損傷了，而且也可讓卯兔心性舒緩而快速成長。

辰龍 與其他十二生肖的互動關係

龍為春天之氣，於十二地支中代表辰土，時辰為早上七點～九點的時辰，辰龍之人熱情、耀眼、充滿活力，有靈敏的商業頭腦，也能快速賺到人生的第一桶金，所以屬龍之人很容易得到長輩上司寵愛、重視，也能快速擁有感情甚至感情的機會也比別人多。

龍是一種神秘生物，辰龍之人是自大又亮眼，愛向眾人展現自己的能力，雖然是個充滿智慧、福蔭又擁有很多機會的幸運兒，但辰龍屬水庫、深淵，常常自尋煩惱而憂鬱；辰龍擅長組織管理，做事喜歡出其不意，當他遇到困難時，也絕對不會輕易妥協放棄。

辰龍是一種象徵權貴的生肖，他喜歡與有權利、地位的人往來。其實十二生肖當中，辰龍是擁有比其他生肖更多機會的一個生肖，所以大家都很喜歡在龍年生個龍寶寶。

十二生肖辰龍

整體來說，屬龍之人與鼠年生的人、虎年生的人、兔年生的人和蛇年生的人、馬年生的人比較契合，尤其是與屬猴之人對應，更是一對非常契合的好朋友。

以下，我們來瞭解屬龍之人與不同的十二生肖他們的契合度，知己知彼，掌握致勝先機。

辰龍對應十二生肖地支

遇子鼠　不請自來

遇丑牛　不堪其擾

遇寅虎　成就名旺

遇卯兔　快速繁衍

遇辰龍　三心二意

遇巳蛇　水落石出

遇午馬　安逸享成

遇未羊　環境變遷

遇申猴　受人擁護

遇酉雞　豐收享成

遇戌狗　高低落差

遇亥豬　神鬼入侵

139

辰龍 與子鼠

的對應關係

辰龍屬春天之氣，也為水庫，充滿智慧又擅長組織管理；子鼠屬冬天之水，也為黑夜的情性。子鼠之水心甘情願入辰龍之庫，成為好朋友知己，兩人互欣賞對方的才幹、能力。在計畫做某一件事情的時候，雙方常常會不經意地找到相同的點，這種奇妙的默契，往往會讓事情出現非常好的結果，也讓人非常的羨慕辰龍與子鼠之間的感情，也代表辰龍相當的有魅力，能讓子鼠為您投懷送抱，主動而來。

辰龍為子鼠的官星，女命子鼠之人會心甘情願為辰龍付出所有的青春歲月，為辰龍而守著家，而男命子鼠的人則會將全部心力投注在事業及工作上。

以辰龍對應子鼠來說，子鼠為辰龍的財星，提供了金錢、智慧、資源給予辰龍，讓辰龍口袋滿滿，這種機會、緣份讓周遭的人非常的羨慕，此組合並不是每一組生肖都會產生的。也代表子鼠願意投懷送抱進入辰龍一手精心設計的陷阱當中，無怨無悔為辰龍付出一切。

辰龍 與丑牛

的對應關係

辰龍為春天蓬勃之氣，也為先天之水庫，其個性思緒敏捷，知識豐富，善於交際，人緣好、機會旺；遇到丑牛寒凍之冰山，丑牛會凍傷辰龍，讓辰龍身心疲憊，心力交萃。

丑牛不會主動與辰龍有所交集或為辰龍設想什麼事情，使辰龍也無法為丑牛排憂解難，丑牛雖然有時也會將金錢資源提供給辰龍，但辰龍卻無法償還丑牛所要的人情債，因此與丑牛的互動，反而帶給辰龍困擾，造成辰龍陷入進退兩難的困境，對辰龍來說，丑牛成事不足，敗事有餘，只會越幫越忙。

十二生肖辰龍

　　以辰龍對應丑牛來說，辰龍春天之氣，喜歡春夏之能量，而丑牛的凍寒之氣，會使丑牛與辰龍代表官星的草木受傷，造成事業及工作上的障礙，而且辰龍以水為財，丑牛讓辰龍的水結凍，致使水財星的流通性受限，財利無法快速進入辰龍的水庫。所以辰龍與丑牛對應時，辰龍會身陷財務與事業皆被限制的壓力當中，無法自由自在的發揮長才。

辰龍 與寅虎

的對應關係

辰龍為春天之土，也為水庫，興趣廣泛，勇敢果斷；寅虎為春天寒氣之木，辰龍能藉由寅虎來突顯其官貴能力及權勢、名份。寅虎因辰龍的關係，而能得到金錢、財利，更能脫穎而出，脫離寒氣，蓬勃而生，所以他們倆人可以成為好的朋友，他們互相讚賞、互相合作，成為好的搭擋。無論做任何的事情，兩人合作得很有默契，事半功倍，即使是最挑剔的領導者，也挑不出他們的缺點，而且辰龍也因為寅虎的關係，得到了事業的成就，增進專業的慘養。

以寅虎對應辰龍來說，辰龍春天之土、水庫，更讓寅虎滿載而歸，辰龍提供了金錢、物質，造就了寅木的自信、能力，在舞台上發光發亮。

以辰龍對應寅虎來說，辰龍得到寅虎指標之氣，能突顯辰龍在事業上的成就，辰龍對於事業的經營，更是敢於與眾不同，具獨樹一格的風範，造就指標性的事業版圖。

143

辰龍 與卯兔

的對應關係

辰龍為春天之土，也為春天之水庫，充滿理想與遠見；卯兔為春天之木，有實現夢想的行動力，願意為夢想冒險、勇往直前。

辰龍與卯兔兩者同屬春天之氣，倆者的互動，增加了人脈的拓展，而且成為一對好朋友，因為同屬春天之氣，性格吻合的緣故，且春天春雨綿綿，卯兔會將學習後的成果、智慧、金錢、資產分享給辰龍，因此辰龍與卯兔的互動配合得相當有默契，辰龍可不勞而獲得到卯兔給予的好處，卯兔更會挖空心思地為辰龍著想，想如何快速讓對方得到卯兔給予的智慧、利祿。

以辰龍對應卯兔來說，辰龍帶給卯兔得到了滿載而歸的金錢、物質、財祿，也拓展了人脈的發展，人際關係的提升。辰龍得到卯兔提供的名份、官祿、權貴、事業，而突顯辰龍自身的能力、才華，同時也得到舞台及金錢，成就自我。

辰龍 與辰龍

的對應關係

辰龍之人愛面子又自視甚高，不但重視外表、形象，也相當在意別人的評價；辰龍與辰龍的互動，兩者天生就有憂鬱感、不滿足之象，及旺盛的權力慾和佔有慾，乃辰龍為水庫，有調節及收藏水之功能，水為辰龍之人的財星、金錢，辰龍想要擁有更多的金錢及水資源入庫，其有不滿足及佔有之象。

辰龍與辰龍他們只要沒有利益關係的話，還可以有良好的友誼，要是有一點點的利益，他們就會因此而爭得不可開交，常常鬧的大家都不愉快。也因此會互相猜忌，產生很多的摩擦。

辰龍遇辰龍，代表沒有進展，實力相當，也可比喻為遇到熟悉的環境，一切駕輕就熟，也如同拷貝之象，比肩之氣，也為公平競爭，其實只要兩人都放低姿態，笑口常開可以帶動周圍的氣氛，謙卑對待對方，以溝通、寬容更能贏得尊重，自然機會、金錢就自己來，而且誰姿態較低，誰就是贏家了。

辰龍 與巳蛇

的對應關係

辰龍為春天之土，心思細膩，喜歡關愛別人；巳蛇為夏天太陽之情性，熱情主動又有活力，辰龍為深淵之水庫，天生就有憂鬱的情性、不滿足感，遇到巳蛇之太陽火，可讓辰龍更加有自信，也因此與巳蛇會成為很好的朋友，往來之時能夠得到巳蛇的幫忙，辰龍缺少了巳蛇的陽光、活力、熱情，而巳蛇欠缺了辰龍的機會、舞台。兩人如果可以互相合作，將補足彼此欠缺的優勢，提升自己的競爭力。

以巳蛇對應辰龍來說，辰龍提供了舞台給予巳蛇表現能力、才華的機會，製造響亮的名聲、地位，名揚四海、名利雙收，獲得非凡的成就，此時也讓巳蛇一直在付出、進入障礙。

以辰龍對應巳蛇來說，巳蛇給予辰龍得到知識、智慧、學習、安全感及家的感覺，有了巳蛇的引導，辰龍發揮出強勁的分析力及判斷力，可以創造出一番驚天動地的偉大基業，掌握住權貴得到成就。

辰龍  與午馬

的對應關係

辰龍為春天之氣,也為先天之水庫,辰龍之人天生就比其它生肖屬性的人有更多的福蔭及機會,但也常多愁善感,好像一出生就帶著使命一樣;而午馬熱情活耀、活力充沛、意志堅定,總是朝著目標努力邁進,可帶動辰龍產生了光明,所以屬龍的人和屬馬的人能成為要好的朋友或伴侶。

辰龍之人天生就有很多的機會,也能開創、創新,樂於接受新的事物,但常自己設限,總覺得是懷才不遇,但遇到午馬屬火的特性,能將辰龍內心的陰暗點亮,產生了自信,也得到安全感,並懂得利用自己的機會,去創造更高的成就。

以辰龍對應午馬之人來說,午馬為辰龍的印星,所以讓辰龍覺得有家及愛的感覺,也讓辰龍得到知識、學識、保護、專業知識,及擁有更多的能力,可穩定的掌握金錢、物質、利祿,可以吸引更多群眾目光,成為一位出色的領導者。

147

十二生肖辰龍

辰龍  與未羊

的對應關係

辰龍屬春天之氣，追求完美，樂於接受新的事物，很容易成為有影響力的領導者，辰龍先天也有很多的福蔭及機會；未羊重視傳統、講求紀律，很重視家庭，辰龍與未羊，兩者都屬於有產值，有功能性的土地、良田、水庫。

辰龍與未羊他們是天造地設的好搭擋，無論是在工作上，還是在社會上，他們都會配合得相當的有默契，天衣無縫、滴水不漏。如果雙方剛好一方是男孩子，一方是女孩子，年記又相當的話，那麼，相信互動不了多久的時間，就會成就一段好的姻緣，那很快將可步入禮堂了。

以辰龍對應未羊來說，兩者的組合擁有多才多藝的全方位能力，可產生源源不絕的靈感與創造力，辰龍求財靠魅力，而未羊求財者靠實力。未羊是常常提供智慧及機會給辰龍的貴人，辰龍因此得到良好的人脈、人際關係，成就名望之氣，也能快速擁有自己的事業及舞台，成為優秀的領導者。

148

辰龍 與申猴

的對應關係

辰龍為水庫，臨場反應能力極佳，常有許多稀奇古怪的點子；申猴為秋天之氣，企圖心旺盛，喜歡掌控指揮別人，追求權力與成就，希望眾人都能聽從於他。申猴因辰龍這位貴人的智慧、專業而獲得成就，倆人一拍即合，成為要好的朋友。

以申猴來說，申猴得到了辰龍的呵護、關懷，愛的付出及教育；而申猴本身也心甘情願為辰龍所發展人生的舞台而勞心勞力，付出所有青春歲月，在所不辭，甚至會為了辰龍改變容易打抱不平、仗義執言、積極過頭、易衝動、粗心大意的個性。

申猴為強風立秋之季，可為辰龍帶來豐沛的水氣，水為辰龍之財星，使辰龍因為申猴的幫助，而得到更多的資源、金錢、財利，加上申金本身為辰龍的食傷星，可帶給辰龍更多的表現機會及選擇，因此更有自信獲得成就。

十二生肖辰龍

辰龍 與酉雞

的對應關係

辰龍屬先天之水庫，稱之先天兌卦，聰明、了解人性、充滿感性；而酉雞屬後天之水庫，稱之後天之兌卦，善於言詞，安逸、享成，非常受歡迎。倆者能和諧相處互相吸引，又是一對相當契合的朋友。

雙方雖然都不會做出互相扯後腿，做出對不起對方的事情，但會暗自較勁，兄弟爬山各自努力，為自己所追求的各自努力。辰龍屬土，酉雞屬金，因而兩人追求事項有些不一樣，若有共同目標，則會為此目標而全力以赴，達盡善盡美。

以辰龍對應酉雞來說，辰龍付出了愛、關懷、提供了學術、知識、智慧給予酉雞，讓酉雞有安全感，過著安逸的生活。當然辰龍也希望與酉雞互動的同時，能得到更多的舞台，展現能力，也能得到應有的財祿，辰龍因此直覺力變強，也擅於製造話題，成為一個擅於說服眾人的優秀領導者。

辰龍 與戌狗

的對應關係

辰龍屬低陷的水庫，才華洋溢，感性且直覺力強；戌狗屬較高大的山，了解人性、口才又好，善於製造話題，甚至可以煽動別人的情緒。辰龍與戌狗一高一低，倆人之思維南轅北轍，無法達到共識，所以如果屬龍的人和屬狗的人有機會互動的話，那麼，戌狗是位付出者，辰龍能得到戌狗很多的資源，他們卻是無法成為朋友，因為兩人沒有相同的理念。

辰龍之人一心一意想要擁有更多的賺錢機會，希望財源主動而來，但戌狗卻是一位懂得付出、犧牲之人，辰龍一心只想掌握權力，戌狗會製造賺錢的機會給予辰龍，兩者之思想落差極大，可想而知。

以辰龍對應戌狗來說，辰龍收藏水資源，水只進不出，水為兩人的財星，代表辰龍和戌狗，無法利益共享，戌狗之人直來直往，毫不修飾的作風，與辰龍之人拐彎抹角有極大的落差，除非戌狗願意委曲求全，否則兩人是無合作空間及商量之餘地。

151

辰龍 與亥豬

的對應關係

辰龍想像力豐富、創意十足，忠於自己的信仰，辰龍是水庫，很容易收藏所有的水資源，當然亥豬本氣屬水，也是水資源之一，但亥豬這種極其陰寒又性質不同的水資源，在兩者所屬的春冬之氣互動中，會讓辰龍因亥豬的金錢之助，損了官貴、名份、事業，也將原本辰龍的金錢來源給染黑了，亥豬成為讓辰龍退避三分，不願收藏入庫的水。

以辰龍對應亥豬來說，亥豬腦筋轉得很快，反應敏捷，喜歡自由自在，不受拘束，但其性質屬冬天六陰之地的情性；辰龍為春天五陽之地，所以亥豬不經意提供的金錢機會，反讓辰龍身受其害。

化解之道：是需透過屬午馬之朋友的火旺情性，來化解亥豬喜歡暗地用錢財來互動流通的缺點，讓辰龍免於受到污名化傷害，當然午馬這位朋友就成了辰龍最大的貴人，也成為亥豬的金主了。

巳蛇 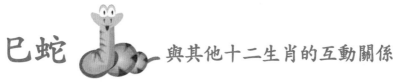 與其他十二生肖的互動關係

　　在十二地支中，蛇代表巳火，為農曆四月初夏之情性，於時辰為早上九點～十一點。巳蛇代表夏天，反應敏捷，有大愛，雖然聰明，腦筋轉得快，但常一心多用，造成為工作效率不佳。

　　巳蛇太陽火之情性，有六陽之氣，充滿了熱情、活力與大愛無私之特性，其個性喜歡幫助別人、文雅細膩、充滿魅力、重視互動的過程，常會吸引周遭的朋友、夥伴想與他分享生活中的樂趣與喜悅。他無法忍受雜亂無章的環境及任何困境或失敗，雖然會主動付出無私的愛，但卻不容易相信他人，因而常常獨守個人秘密，這是屬蛇之人將歡樂、陽光帶給別人，卻將憂愁往自己肚裏吞的偉大之處。

　　整體來說，屬蛇之人與牛年生人、雞年生人、猴年生人比較契合，尤其是屬兔子之人及屬羊之人更是十分投契，往往可以成為相互傾訴的對象，巳蛇會主動關愛兔子與羊，也是屬兔子及屬羊的貴人。

　　以下，我們來瞭解屬蛇之人與不同的十二生肖他們的契合度，知己知彼，掌握致勝先機。

巳蛇對應十二生肖地支

遇子鼠　事業心重

遇丑牛　給人信心

遇寅虎　充分授權

遇卯兔　育木有功

遇辰龍　勞碌奔波

遇巳蛇　兩強相爭

遇午馬　火上加油

遇未羊　普照大地

遇申猴　御駕親征

遇酉雞　爲情所困

遇戌狗　功成身退

遇亥豬　暗無天日

 巳蛇 與子鼠

的對應關係

巳蛇主動熱情，大愛無私、光明亮麗，腦筋動得相當快，屬夏天火之情性；子鼠寒冬之水情性，有好的智慧、腦筋極佳，小心謹慎、反應敏捷，屬冬天晚上水之情性。

巳蛇充滿了大愛無私，凡事不懂的拒絕，人際關係佳，只知往前衝，特立獨行、精力充沛。巳蛇得到子鼠之敏捷、智慧，能察言觀色，補足了巳蛇直覺力的不足，造就了巳蛇在事業上的成就，但也因子鼠的聰明才智、心思敏銳及洞察力，讓巳蛇產生了壓力、責任之心。

以巳蛇對應子鼠來說，子鼠成就了巳蛇的事業，讓巳蛇的事業如日中天，對子鼠而言，巳蛇在金錢、物質、利祿上讓子鼠是無後顧之憂的。子鼠的心思慎密，加上豐富的想像力，成為巳蛇邁向成功最大的助力，雖然也會帶給巳蛇壓力及責任，但一切都值得，只要巳蛇一直熱情以對，將會得到事業的成就。

巳蛇 與丑牛

的對應關係

巳蛇魅力四射、熱情如火，充滿活力與創造力，主導一切生物的成滅；但遇到冰凍如山的丑牛，巳蛇的熱情仍無法改變丑牛的固執、堅持，反而會讓巳蛇的活力及創造力減退。

巳蛇為夏天之火，丑牛為冬天冷冰冰的冰山，巳蛇一直在展現魅力及旺盛的企圖心，渾身解數的表現其才華、能力，想擄獲丑牛之歡心，但巳蛇的熱情無法打動丑牛，巳蛇唯有利用華麗的外表或甜言蜜語，持續實際的去關懷，才能打開丑牛之人的心門。

以巳蛇對應丑牛來說，巳蛇提供了溫暖的家、愛、智慧、關懷給予丑牛，讓丑牛得到他想要的溫暖，並且也得到名望，成為地方名人，巳蛇會對丑牛展現英雄救美的情性，賣弄才識，想藉此擄獲美人心，巳蛇因此為了達到目標而努力奮鬥，不畏艱辛，在舞台上展現出自己最完美的一面，讓丑牛得到呵護，巳蛇因此得到了付出的喜悅。

巳蛇　與寅虎

的對應關係

巳蛇為夏天之氣，重視榮譽與形象，喜歡打抱不平；寅虎為春天寒冷之氣，臨場反應不佳。夏天的太陽讓寅虎快速長滿了樹葉，茂盛亮麗，脫胎換骨，巳蛇將夢想、理想帶給寅虎，讓寅虎企圖心更加旺盛，表現出超越以往的成就、魅力。

但巳蛇卻不知寅虎在生機蓬勃之外表下，承擔了極大的壓力與責任，因為巳蛇的太陽火讓寅虎只長樹葉不長樹幹，當然寅虎面對這茂密的枝葉，如同一肩扛起家中的重責大任，巳蛇讓寅虎一家人都能脫穎而出，有舞台的表現、才華洋溢、名氣旺盛，成為指標性的人物。

以巳蛇對應寅虎來說，巳蛇一直對寅虎付出、關愛，造就寅虎蓬勃而生，得到了成就感，但同時也讓寅虎產生了極大的壓力。對寅虎而言，巳蛇提升寅虎旺盛的企圖心，讓寅虎表現出本來就具備的領導者特質，造就寅虎成為指標性人物，巳蛇對寅虎的付出，一切都值得。

十二生肖巳蛇

157

十二生肖巳蛇

巳蛇為夏天之氣、熱情如火，不畏艱難，喜歡享受克服困難後所帶來的成就感；卯兔為春天之花草，有敏銳的直覺、豐富的想像力及旺盛的精力，與強烈的佔有慾。

巳蛇太陽的普照大地，讓屬小花草卯兔得到充分的光和能量，而快速成長，巳蛇與卯兔他們很投契，總覺得會有很多話要向對方訴說。特別是卯兔遇到困難或挫折的時候，更是會向巳蛇傾訴的沒完沒了，巳蛇因此用滿滿的愛給予卯兔無限的能量，讓卯兔得以儘情的快速成長。

以巳蛇對應卯兔來說，巳蛇太陽之火的能量提供了大愛給予卯兔，讓卯兔更亮麗更有自信，朝氣蓬勃而生，充滿活力與創造力，積極建立自己的人脈；巳蛇也因此得到安逸穩定的家，得到了卯兔給予的成就感。因巳蛇認為對卯兔所付出的一切，皆能用二個字來形容，就是「值得」。

巳蛇  與辰龍

的對應關係

巳蛇為夏天之氣，聰明認真，不管對家庭或工作都很有責任感，巳蛇之特性也為太陽之火；辰龍為水庫、為深淵之地，有專業的技術、知識，責任心重、固執，往往堅持己見，所以辰龍有時會讓巳蛇覺得行事霸道專制的觀感。

巳蛇太陽的照射只能達到辰龍之深淵的表層，無法完全照耀出全貌，深淵之地沒有光的能量，沒有陽光可深入駐留，巳蛇之陽光普照如同拿土填海，再多的土也填不滿，由此來看巳蛇對應辰龍的關係，為巳蛇一直在付出愛、熱情，也一直給予辰龍知識、智慧、學習專業知識的機會，想讓辰龍重回光明、亮麗。

以巳蛇對應辰龍來說，巳蛇對辰龍的賦予，使辰龍得到滿滿的愛、得到自信，若有午馬或天干壬水的配合，巳蛇所賦予辰龍的光芒、權利才能彰顯出成果，在辰龍獲得成就的同時也讓巳蛇得到了表現的機會、舞台，展現身手，更具有吸引群眾注目的魅力。

巳蛇  與巳蛇

的對應關係

巳蛇為眾人矚目的太陽火，優雅成熟、熱力四射，擁有出色的群眾魅力，成為話題人物。巳蛇與巳蛇如同兩個聚焦點，他們兩個人有共同的屬性、興趣，無話不談的互訴心情，能很快成為要好的朋友，但也容易形成兩強相爭。因為巳蛇與巳蛇不只彼此影響瞭解，喜好相同，因而所產生的競爭是很強烈的，而且也會造成無辜之人被連累。

巳蛇與巳蛇若能同心協力地出謀策劃、共同合作，為共同的目標把事情做好，會讓人有意想不到的成績，讓共事之人，甚至是對手佩服不已，因為巳蛇與巳蛇之相助，力量加倍，當然也加快了成功的腳步。

以巳蛇對應巳蛇來說，兩強之合作可一鳴驚人，得到出乎意料的好成果。若是兩強相爭，兩者互不相讓，將成兩敗俱傷之局面，甚至會有玉石俱焚的憾事發生，所以宜相互合作，如果雙方肯放下身段，將會共同創造更亮眼的事業。

160

巳蛇  與午馬

的對應關係

巳蛇熱情如火，富有想像力與創造力，為太陽之屬性，大愛無私；午馬也同屬火之情性，具有藝術才華，及特立獨行的思想與行為，午馬之人的個性重效率、成績，巳蛇熱情主動，所以兩者能有好的互動關係。

午馬的暴躁脾氣對巳蛇根本就起不了什麼作用，因為午馬的能量來自於巳蛇，巳蛇仍然會照自己的行為模式去作，雖然午馬遇到事情的時候，會有些主觀、倔強及稍嫌暴躁性急的脾氣，但巳蛇也了解午馬的特性，所以不會受午馬一時之氣的影響而導致事情失控。

所以說，他們之間的互動、友誼是可以長久，一直持續下的，雖然兩人之間的互動也會產生一些摩擦，但那些摩擦都不足以影響到兩人之間的友誼，反而巳蛇一直給與午馬熱情的關懷，讓午馬得到了人脈，成就了午馬的名望之氣。

所以巳蛇對應午馬來說，巳蛇對午馬的主動付出，代表巳蛇一直在進步當中，能更上一層樓，成就自我。

巳蛇 與未羊 的對應關係

十二生肖巳蛇

巳蛇為夏天太陽火之情性，聰明才智、創造力、人緣俱佳；未羊也為夏天之情性，為平原、平地之土壤，思路敏捷，能洞燭先機，掌握趨勢，先馳得點。巳蛇對未羊一直在付出能量、溫度，也使未羊得到家的溫暖，未羊得到了巳蛇所付出的關心、呵護及學術、專業知識上的幫助，得以學習成長，是讓未羊得到智慧、事業的貴人。

巳蛇對未羊的付出及愛的呵護，造就未羊成就了事業，也讓未羊得到名聲、德善、家、學術、知識、智慧，鞏固了未羊的權利、地位。也因巳蛇對未羊無私的奉獻，因此讓巳蛇也得到權力、擁有華麗的舞台與極佳的演出能力及增進技術之提升。

以巳蛇對應未羊來說，巳蛇讓未羊能無中生有產生了官、貴、名份，從巳到未是加溫，代表巳蛇的能量在進步、提升，巳蛇與未羊可視為一對相得益彰的完美組合。

巳蛇 與申猴

的對應關係

巳蛇為夏天太陽火，熱力四射、才華洋溢，善於表現自己，具有藝術之天賦，熱衷追求時尚；申猴為秋天蕭殺之氣的風，喜歡不斷追求流行，總是走在引領潮流的尖端，也很會享受個人品味生活。所以巳蛇與申猴倆人在美感的重視上一拍即合，他們之間的互動相當的密切，有非常深厚的友誼。他們也能在職場上盡心盡力，共同完成公司交付的任務。

以巳蛇對應申猴來說，巳蛇了解如何驅動申猴能量、鬥志，如同公司的主管，懂得全權授予申猴去執行時，不去干涉，讓申猴專心致志、心無旁騖的堅持到底，去執行巳蛇賦予的任務，完成使命，名正言順、師出有名的完成任務，獲得巳蛇的信賴，得到官貴及事業，因此在團體中說話特別有份量，得到官貴、事業。

巳蛇因有申猴的代勞，可坐享其成，等著分享申猴帶回的戰利品及豐碩的成果，倆人之間的友誼可說是建立在事業的互動上居多。

163

巳蛇  與酉雞

的對應關係

巳蛇為夏天之太陽，熱心又有正義感，喜歡打抱不平，不喜歡被束縛；酉雞為秋天豐收之果，想像力豐富、創意十足，忠於自己的信仰，也願意為理想獻上自己的時間、精力。

巳蛇的熱情，熱力四射、普照大地，讓酉雞結成甜美的果實，也得到了事業、工作，成就了名望；酉雞回應巳蛇的關愛，酉雞給予巳蛇讓巳蛇得到了成就、金錢、財利，擁有感情。

以巳蛇對應酉雞來說，巳蛇因酉雞的美麗、錢財所吸引，而熱情以對，招惹了酉雞。酉雞也因巳蛇的熱情以對，而被巳蛇擄獲了酉雞的美人心，讓酉雞得到官貴、名份、地位、事業，但巳火太陽終究會下山，此時巳蛇的熱情不在，給酉雞不切實際的感覺；酉雞只能感嘆巳蛇對情感不忠，巳蛇也要自我檢討自己的風流、多情及迷失。

巳蛇  與戌狗

的對應關係

巳蛇夏天之情性，太陽熱情之火，活力又充沛、興趣廣泛，喜歡創新、行動力很強、魅力四射；戌狗為秋天之氣，西北之高山，生性聰明、固執，見解獨到，懂的得失拿捏。

巳蛇為了自身的理念，一直產生被利用的價值，犧牲、付出，熱情以對任何的人、事、地、物。戌狗猶如一座的高山，無動於衷，沒有任何的感覺及表現，面對巳蛇的主動，戌狗卻沒有任何的反應，反而讓巳蛇光芒盡失，代表戌狗能掌握有權貴、名望之人，卻讓巳火盡失光明。

以巳蛇對應戌狗來說，巳蛇慷慨大方、行動力強，一直主動為戌狗付出了愛、關懷，提供了安逸的家、愛心、專業、知識給予戌狗，而戌狗給予巳蛇舞台表現的機會，也希望巳蛇不要再勞碌奔波，能回到家中，享受燭光之晚餐，功成身退、安逸休閒，這是戌狗對巳蛇最大的期許。

十二生肖巳蛇

巳蛇 與亥豬

的對應關係

巳蛇聰明且反應快，慷慨大方、熱情四射，能兼具現實與理想；亥豬喜歡打破傳統，挑戰極限，興趣廣泛，具有攻擊、侵伐之特性。所以巳蛇與亥豬兩者之互動，是極為對立的陰陽之情性，常常由陰轉晴，或由晴轉陰，說變就變，很難瞭解倆人之互動的心性，誰看到他們互動情形，都會有著摸不透的感覺。但可以證明的是，巳蛇是由光明、熱力四射，轉黑暗，轉為暗無天日之情性。

以巳蛇對應亥豬來說，巳蛇主動熱情，想法正面、直接，亥豬雖然也是主動，但亥豬一直想打破傳統、有顛覆傳統的想法，但這種主動突破傳統的方式，一昧著想要巳蛇跟著亥豬的方式進行，想法較負面，掌控型之心態，巳蛇面對亥豬之行徑，如同從天堂掉了下來，開心不再，也可比喻巳蛇對於亥豬提供的這份工作，是無法讓巳蛇開開心心的完成工作使命。

午馬 與其他十二生肖的互動關係

馬在十二地支中，為午火之代表，此為仲夏之季，熱情、積極、主動，屬悶騷型，於時辰為中午 11:00～13:00 點之間，屬馬之人很難靜下來，人際關係佳，喜歡挑戰和冒險，在豐富的想像力引領下，凡事講求效率，聰明且反應快，午馬他們希望自己在短時間內完成工作使命，害怕面對失敗，希望被群眾包圍支持，也希望能獲得肯定與重視。

午馬人際關係的對待，是一個既熱情又缺乏耐心的人，有時又要解決亥豬對其他生肖所造成的壓力問題所以午馬之人能瞭解如何去解決朋友內心之壓力與驚恐，但有時候反而招惹了麻煩是非，讓午馬陷入困境之中。

整體來說，屬馬之人與兔年生的人、龍年生的人、蛇年生的人、狗年生的人、豬年生的人比較契合，與屬虎之人更是能夠提供能量、知識給予寅虎成為相互促進、相互影響的知心好友。

以下，我們來瞭解屬馬之人與不同的十二生肖他們的契合度，知己知彼，掌握致勝先機。

十二生肖午馬

午馬對應十二生肖地支

遇子鼠　充分授權

遇丑牛　舞台魅力

遇寅虎　育木有功

遇卯兔　安逸享成

遇辰龍　自我設限

遇巳蛇　信心十足

遇午馬　多頭馬車

遇未羊　合力開創

遇申猴　辛苦有成

遇酉雞　人際財祿

遇戌狗　退居幕後

遇亥豬　家大業大

午馬 與子鼠 的對應關係

午馬為夏天火之情性、熱情，屬悶燒型，有強烈的英雄崇拜情結，渴望自己成為英雄，活力充沛、獨樹一格；子鼠為冬天水之情性，執著認真，具有靈活聰明的頭腦，兩者想法差距極大，午馬想法樂觀、積極、主動，子鼠想法保守，喜歡懷疑、較不相信別人，常常查勤，內心極度的不安全感，不打沒把握的仗，在情緒上、管理上也是一門課程。在經營上也會弄得變成雙頭馬車，雙方意見不合而發脾氣，最後雙方還是各有堅持，讓周遭的人壓力極大。

以午馬對應子鼠來說，子鼠讓午馬得到了事業、智慧，增加了抗壓性，但子鼠卻也成為午馬的致命殺手，午馬覺得子鼠像個孩子一樣，不夠成熟穩重，常常煽動別人的情緒。子鼠反而因午馬的關係而得到金錢、物質、名望，能由幕後浮出檯面，嶄露頭角，變的熱情、活耀擅長交際，成為眾人矚目的焦點。

169

十二生肖午馬

午馬 與丑牛

的對應關係

午馬為高溫之地，夏天火的情性，熱情、積極、感情豐富，喜歡關懷、照顧別人，富責任感；丑牛為寒冬結凍之氣，個性比較孤僻，但和藹可親，有當擔、固執，但善解人意。

午馬與丑牛之溫差極大，當然倆人互動之思維落差更可想而知。午馬的熱情、感情而富有藝術般的氣息，想改變丑牛的想法、觀念，無形中午馬散發出的氣勢，不得不讓丑牛棄械投降，午馬也因此產生了責任、壓力，進而成就了舞台，得到事業，卻也讓丑牛改變了生活習性，丑牛一切都得重新學習。

午馬讓丑牛感受到滿滿的愛，覺得是一種甜蜜的壓力，願意拿出金錢協助午馬成就事業。

以午馬對應丑牛來說，丑牛讓午馬有舞台的表現，才華洋溢，午馬融化丑牛，改變丑牛讓午馬產生了事業、壓力、責任。

午馬 與寅虎

的對應關係

午馬為炙熱的能量、磁場，喜歡刺激，才華洋溢，感性直覺力強，口才好，也相當瞭解人性；寅虎為春天寒氣猶存之木，善於利用環境，個性堅強、獨立，特立獨行，能把握住破土而出的機會，以實現夢想，具有遠見的事業頭腦。

寅虎喜歡午馬的溫度、熱能，因為午馬是造就寅虎充滿自信、成長茁壯的貴人，所以寅虎會喜歡與午馬對應的磁場關係，相當欣賞午馬。

午馬對寅虎熱情的賦予能量，讓寅虎得到舞台，成就自我，展現能力，產生自信，懂得投資理財，創造財富。午馬對寅虎的關係是付出能量，使寅虎得到成就，再配合與生俱來的創造力，經營事業、展現才華；寅虎也會大方的將知識、智慧、專業提供給午馬、守護午馬。倆人即使是再多的互動機會在一起共事，也能在各自的工作中相互促進學習、相互影響，誰也離不開誰，相互共依共存，完成目標。

171

十二生肖午馬

午馬 與卯兔

的對應關係

午馬為能量極高的溫度、磁場，爆發力強、活力充沛、企圖心旺盛，重視榮譽與承諾；卯兔為春天之花草，個性率直，能勇於表達自己的意見，心思敏銳、富有靈性。午馬與卯兔倆者相互依存，他們之間擁有良好的友誼關係，甚至會成為知己朋友。

午馬給予卯兔的高溫、熱情以對，使卯兔展現出多才多藝、富有想像力與創造力，勇於追求夢想，在舞台上亮眼的表現成果。午馬與卯兔在剛開始認識的時候，也許會在心裏對午馬有所戒備的心理。但是在經過一段時間相處之後，他們的友誼關係會漸漸的加深，只是有時午馬太過於熱情，讓卯兔難以招架。

以午馬對應卯兔來說，午馬得到卯兔的友誼，也提升了學識、人脈、專業知識，兩者造就了深厚的友誼。午馬提供了能量，造就卯兔成長，無形中也讓卯兔造成了壓力。

午馬 與辰龍

的對應關係

午馬為能量、磁場、溫度，想像力豐富、創意十足，可以全心全意追求理想與目標；辰龍為春天之水庫，也為深不見底沒有陽光的深淵，具有藝術氣息。

此組合之對待，午馬對辰龍一直付予學識及提供專業知識給予辰龍，讓辰龍脫離深不見底的深淵當中，得到專業成就、福蔭而成長。

午馬對辰龍的施予，能量一直在消耗，減弱當中，午馬應該不要急著展現成就，要細水長流慢慢展現，同時應加強自己的能量，多參與學習教育之課程，提升專業知識，即能讓自己有更多的福澤可以享用。

以午馬對應辰龍來說，午馬給予辰龍熱情洋溢的朝氣，讓辰龍積極創新、勇往直前，午馬得到成就感，與有機會再舞台上表現，但與辰龍之人互動時，能量仍然會一直處於消耗狀態中。

十二生肖午馬

午馬 與巳蛇

的對應關係

午馬為能量、高溫，感情豐富，又有藝術氣息；巳蛇為主動、熱情之太陽火，多才多藝，充滿自信，創意十足。午馬的能量來自於巳蛇，巳蛇造就了午馬得到資源，使午馬成功後，巳蛇就功成身退，倆人成了密不可分的朋友。

午馬注重專業，要求完美、作風獨特；巳蛇亮麗、創意十足，每當巳蛇一出現，午馬即失去光彩，大家只見到巳蛇的突顯、亮麗，而忘了午馬的存在，此時讓午馬不是滋味。

所以巳蛇如要得到專業知識，宜低調行事，才不致於搶走午馬的風采，也不會影響到兩人之間的友誼，倆人若能相互合作，更能開創更大的事業版圖。

以午馬對應巳蛇來說，巳蛇給予午馬無限的能量與愛，也可形容巳蛇將午馬的名氣遠播於海外各地，名揚四海。

午馬 與午馬

的對應關係

午馬為能量、高溫，爆發力強，企圖心旺盛，重視榮譽與承諾，主動積極。兩個午馬的組合，活力十足，更形成了兩強相爭。實力相當，彼此瞭解，專業能力強，若能成為合作的伙伴，相互的尊重，力量加倍，遇到事情就能迎刃而解。用相互理解和寬容，讓兩人能夠成為很好的知心朋友，更能造就輝煌的事業版圖。

以午馬對應午馬來說，兩者同屬性，彼此瞭解，直覺敏銳、觀察入微，若成為敵對，那旗鼓相當，必是難分勝負，而且在競爭當中，也會造成重大的損失，得不償失。宜相互各退一步，將可共同開創江山。

午馬與午馬的對應，能量極高，也易產生火爆的個性，行動如太過於躁進，將成為危險的組合，可透過寅虎來轉化這種高能量，凡事先做好計劃再行動，化阻力為助力，營造更好的成就。

午馬　　與未羊

的對應關係

午馬為高溫之能量，為人聰明，創造力強，有行動力，熱情、了解人性又善於言詞；未羊為高溫之良田土地，生性浪漫，想像力豐富，充滿熱情，行事風格相當迷人。

午馬與未羊倆人的組合少了思考，縝密的思緒；倆人同屬高溫、火爆之個性，直接、熱情、阿莎力是倆人的特性，若午馬能參與學習、進修之課程，將能量轉化，而且長期之進修、學習，更能造就彼此利益，不會因為求好心切，而給未羊製造太大的壓力，也能開創未羊的事業成就，讓未羊得到權貴。

以午馬對應未羊之人來說，午馬造就了未羊的學術、知識、專業水準的提升，讓未羊有家及受寵愛的感覺，感受到午馬給予未羊滿滿的愛。未羊提供了舞台，讓午馬能站上舞台，才華洋溢、完美的盡情演出，贏得諸多的喝采及掌聲。

176

午馬  與申猴

的對應關係

午馬屬高溫之能量，有獨特的魅力，樂觀開朗，熱衷追求名利與成功；申猴為秋天之金，其個性急，有行動力及執行力，喜歡追求夢想和挑戰，生活充滿熱忱及活力。

申猴的主動積極，反會讓午馬的能量、溫度下降，也代表午馬要駕馭申猴，本身要有足夠的實力，午馬必須學習新知識、專業知識，才能讓申猴心服口服，願意付出感情、金錢、財物給予午馬。

以午馬對應申猴來說，午馬讓申猴得到了企圖心，產生了行動力，創造事業，成就事業版圖。申猴提供了金錢、物質、享受，讓午馬更具有吸引群眾的魅力，得到人生一桶又一桶的金，只是午馬對申猴的康慨解囊，午馬也必須要有足夠的承載力，才能享受這一桶又一桶的黃金。

午馬 與酉雞

的對應關係

午馬為高溫之火，聰明靈敏、有自信，對自己充滿信心；酉雞為秋收之果實，心智成熟，眼光長遠，講究生活品味，午馬之人個性積極，酉雞之人先天安逸，能享成，要求盡善盡美。

以酉雞對應午馬來說，午馬造就了酉雞的事業，使酉雞的事業日日增長，但午馬的熱情、責任心，為目標而往前邁進，卻也引來酉雞的壓力，讓酉雞背負了極大的責任、義務，但一切的壓力責任，在酉雞得到金錢、財利進帳的同時，既能化解，轉為滿滿的收穫。所以午馬與酉雞之對應，午馬是最大的受益者，可得到滿載而歸的果實。

以午馬對應酉雞之人來說，酉雞給予午馬得到果實、金錢、財利與感情，讓午馬得到優渥的物質生活，坐享其成，經濟感情雙雙得利，更具獨特的個人魅力。

午馬  與戌狗

的對應關係

午馬高溫之火，個性活潑、熱情、主動、積極，活力充沛、意志堅強，總是朝著目標努力前進；戌狗屬秋季收斂之土，被動、堅持、固執、忠心，有自己的想法，具有獨特的個人魅力。

以午馬對應戌狗之人來說，午馬將其能量賦予給戌狗，讓戌狗得到滿滿的愛及無盡的助力，此能量讓戌狗之土更加的有利用價值，午馬為戌狗的印星，戌狗對午馬給予的能量都用在追求名聲、知識、智慧的成長上，也讓戌狗更具理財的能力，這對戌狗來說是多多益善，永遠都不嫌多。

午馬對戌狗的付出是無怨無悔的，如同父母對子女無私的關愛，當然也如同午馬的熱臉去貼戌狗的冷屁股。但午馬一心只想著，如果這些付出，因此能造就第三人的成長，那一切的辛苦也都值得。這是午馬給予戌狗最大的承諾與保障，也讓戌狗得到滿滿的財富。

午馬 與亥豬

的對應關係

午馬高溫之火，代表能量、溫度、磁場，個性熱情、主動、積極，才華洋溢，善於表達自己，具有藝術天賦；亥豬屬冬天之水，思路清晰，邏輯思考能力很強，其性情也是積極、主動，有獨特的個人魅力，但就是少了熱情、光明。

以午馬對應亥豬來說，午馬提供了金錢、物質、錢財，給予亥豬，讓亥豬於金錢上無後顧之憂，也造就了亥豬積極熱情的情性，得到求財、求感情之機會，造就了安逸的生活。

於午馬來說，午馬也因亥豬的關係，而成就了午馬的事業，但這事業卻會讓午馬陷入了壓力、責任當中，有時會讓午馬產生失落感，以致情緒不穩定而鑽牛角尖。

午馬與亥豬的組合，也可代表午馬與生俱來的魅力，容易成為亥豬眼中的焦點，相當受到亥豬的喜愛，會主動接近午馬，使午馬陷入牽絆當中。午馬可善用熱情與創造力，來化解這甜蜜的牽絆吧！

未羊 與其他十二生肖的互動關係

羊在十二地支中代表未土，為農曆的六月季節，於時辰為下午 1:00～3:00。未羊喜歡走在流行尖端，才華洋溢，善於表達自己，具有藝術的天賦。未土為高溫之土，適合卯兔生存之土，羊是一種溫馴的動物，天性善良、平易近人，但缺乏安全感。

未羊之人是個心細敏感的藝術家，也很有研究學術之精神，但內心保守心細，因為未羊代表著己土，無法承載甲木成長茁壯，甲木茁壯後不堪遇到強風，因此未羊不想擔當這個重任與不必要的難題，也不願意帶頭領導隊伍，他還是喜歡遵循前人的路而不想開創新局，只願意把機會留給別人，讓他人因未羊的付出，而得到利益、機會，但未羊喜歡追求時尚，感情豐富，因為高溫之土，適合短期農作物。

整體來說，屬羊之人與虎年生人、兔年生人、龍年生人、馬年生人比較契合，與屬猴之人更能夠形成很好的互動合作關係。

以下，我們來瞭解屬羊之人與不同的十二生肖他們的契合度，知己知彼，掌握致勝先機。

181

未羊對應十二生肖地支

未羊  與子鼠

的對應關係

　　未羊屬夏天之土，才華洋溢，思想敏銳、感情豐富，也擁有極佳的表演能力，多才多藝；子鼠屬冬天之水，溫柔優雅，喜歡幻想，較不願意和人分享自己所建立的內心世界，對於外面世界的反應，比較被動。所以未羊與子鼠倆者思想差異極大，要經過較長的時間磨合，才能達到共識。

　　以未羊對應子鼠之水來說，未羊為了求財、求金錢、求感情，必須要讓子鼠屈服、委屈，為己所用，藉子鼠得到了舞台的表現機會，展現其才華、能力。以子鼠來說，子鼠為了羊未之事業，不得不委屈自己，委屈求全沒有自我，讓子鼠自己陷入緊張、嚴肅當中，真是壓力重重，但也因此創造了子鼠在事業上的權貴與創立品牌形象。

　　以合作角度來說，子鼠投資的金錢，並沒有預期的獲利收入，未羊掌握了所有財政大權，而子鼠卻陷入金錢困境當中。

未羊 與丑牛

的對應關係

未羊屬夏天之土，善於表達自己、感情豐富，善於利用環境，較不會追求高品味的生活；丑牛屬冬天之土，對工作專心，堅持到底，自我約束及期許高，正直又誠實負責。兩土一高一低、一熱一冷、一夏一冬，思想南轅北轍，他們都無法忍受對方的脾氣與觀念落差，彼此互相的猜忌、爭辯。

以丑牛對應未羊來說，丑牛會因未羊而改變了一成不變的生活模式，樂於接受新事物，釋放出積蓄，去投資理想，玩起數字遊戲，拓展人脈，丑牛因此成為未羊的金主。

以未羊對應丑土來說，未羊一直高談闊論自己的想法，樂觀積極，強勢的作風，想要改變丑牛固執保守的思維，未羊也需要丑牛當踏板來拓展舞台及得到丑牛給予的財利、金錢及良好的人際關係。

未羊 與寅虎

的對應關係

未羊屬夏天之土,其土燥熱鬆軟、感情豐富、熱情洋溢,很健談,也喜歡表達意見;寅虎屬春天寒氣之木,重視榮譽與承諾,有勇氣,意志堅強,總是朝著目標努力邁進,寅虎與未羊有共同的工作形態一拍即合,更能創造出價值利益。

以寅虎對應未羊來說,未羊提供了金錢、財利、目標,造就了寅虎在金錢上無後顧之憂,展現強烈的企圖心,邁向成功之路。寅虎與未羊可成為良好的事業搭擋。

以未羊對應寅虎來說,未羊得到了寅虎之關愛,而成就了事業、工作、名望、地位。以合作案來說,未羊屬土代表思考、企劃,負責出主意,而寅虎具有創造力付諸行動,替未羊盡心盡力完成工作使命,能使未羊在工作事業上一枝獨秀,成為眾人矚目的焦點。但此事業也不宜拓展太快,因未羊屬鬆軟的土,而非高山之硬土。

未羊 與卯兔

的對應關係

未羊為夏天之土，活力充沛，可吸引群眾目光，對神秘的事物具有強烈的好奇心，未羊之土適合卯木成長；卯兔為春天之氣，才華洋溢、善於表達自己，邏輯思考能力很強，反應敏捷、觀察入微。

未羊與卯兔兩人能配合的天衣無縫，價值觀雷同，知識豐富，重視實際，喜歡身體力行，成就良好的友誼。未羊提供了金錢、物質、財利給予卯兔，卯兔因未羊而得到了良好的根基、穩定的家，可以成長茁壯，賺取財物，也得到良好的感情關係。

以未羊對應卯兔來說，未羊可得到卯兔給予的事業及專業知識，也讓未羊得到價值，使未羊不斷的拓展事業版圖，追求新知，努力達到理想，所以不管經營事業或人際關係都相當的成功。兩人相互共依共存，彼此製造價值。

未羊 與辰龍

的對應關係

未羊為夏天之土，善於思考，有愛心與同情心，樂於助人、活力充沛，有強烈的好奇心，適合木成長，能提供給卯兔及寅虎得到財利。辰龍屬春天之水庫，很會吸金，有崇高的理想與遠大的志向，能為了追求自我實現而全力以赴。未羊與辰龍兩者都能讓甲、乙、寅虎、卯兔得到一桶又一桶的黃金。

以辰龍對應未羊來說，辰龍為水庫，提供了求財的機會給予未羊，讓未羊得到金錢、財利、物質，也因此奠定了未羊的事業根基，彼此拓展人脈，擁有好的人際關係。

以未羊對應辰龍來說，未羊夏天火旺之氣，活潑大方，提供了能量、溫度、磁場，以及熱情、積極的態度，造就辰龍能成就事業，成就名望之氣，並擁有權貴，也締造了好的人際關係，能迅速擴展人脈，成就繁華榮景。兩人成了密不可分的知己。

未羊  與巳蛇

的對應關係

未羊為夏天之土，感性熱情、活潑大方，相當注重形象，能讓事業快速蓬勃而生；巳蛇為夏季之火，其特性屬太陽火，好奇心強，活力十足，雖然外表看起來很酷，其實內心敏感。巳蛇太陽火能幫助未羊產生功能性，讓未羊更具想像力與創造力，發展其事業，而且不管是事業或感情都能得到好的結果，如同得天之加持。

以巳蛇對應未羊來說，未羊提供了舞台，讓巳蛇將才華、膽識展露無遺，也讓巳蛇得到知識、成就自我，未羊的順利發展會讓巳蛇認定這一切的付出都是值得的，因此內心感到滿足與喜悅。

以未羊對應巳蛇來說，巳蛇之熱情喜歡探索新的事物，讓未羊得到了學術成就、智慧、專業知識，也能得到亮麗的家，讓未羊提升自我，成就未羊在專業裏得到品牌形象、名份與權貴，成為要好的知心朋友，讓巳蛇得到無比的成就感。。

未羊 與午馬

的對應關係

未羊為平原之土，機智幽默，善於調解紛爭，但也容易製造紛爭，社交能力極佳；午馬為主動、熱情，才華洋溢、膽識過人、志向遠大，午火有極高的能量、溫度，午馬將能量施予未羊，讓未羊產生了職場效應，能在工作領域上獲得很大的成就，因此他們將可成為在合夥共事好搭擋時的一對好朋友。在工作方面相當的契合，會有不約而同的想法產生。

未羊與午馬同屬高溫，占有慾都很強，有時倆人易產生情緒化，有時喜歡追根究柢，產生了爭辯，但倆者間也沒有隔夜仇，爭論的僵局很快破冰，有著互相體諒的度量。

以未羊對應午馬來說，午馬為未羊的印星，印星為學習、呵護之星，未羊能得到午馬的專業知識及學術，造就未羊有個穩定安逸的家，也成就了未羊的工作事業。不管是老闆還是朋友、同事、部屬，都會對他們這一對朋友的默契感到讚賞，創造彼此的學術與財利，也鞏固兩人之間的友誼。

十二生肖未羊

未羊  與未羊

的對應關係

未羊感性熱情，活潑大方、平易近人、社交能力極佳，對藝術、音樂和文學有濃厚的興趣及研究。未羊善於調解紛爭，但也容易製造紛爭。

未羊與未羊同屬性，彼此個性、理念相同、想法相同，兩者會是很合得來的一對朋友，兩人皆不會太依賴著對方，而且在他們各自的生存環境中，已經養成了一種群居的習性。這種非常重視團結的性格，反映在他們的為人處事面上，能擁有良好的人際關係。雖然未羊對外表現的很平易近人，但卻會彼此暗地較勁，屬於公私分明的團結，是屬於兄弟爬山各自努力的性格，而且會不斷較勁在拓展賺錢及理財的能力。

以未羊與未羊的互動關係來說，比肩遇比肩，代表沒有進展、同實力、旗鼓相當、難分勝負。若以合作的角度來說，代表是樂觀的，可成的，也代表走到熟悉的環境，當然一切可駕輕就熟。

未羊  與申猴

的對應關係

未羊屬夏天之土，聰明伶俐，富有藝術細胞與創造力，其性平易近人，很有藝術、文學、音樂的素養及研究；申猴為急速的強風、氣流，執行能力很強，主動積極，敢做敢當，總是據理力爭，對別人的要求很高，讓周遭的人備感壓力。

未羊與申猴他們倆人的互動之所以能成為一對的好朋友，是因為未羊懂得充分授權給予申猴，申猴喜歡未羊能十分信賴的充份授權給自己去儘情的發揮，申猴在未羊之土上可暢行無阻、風行天下、隨心所欲，未羊與申猴在一起互動的時候，大家都會覺得很開心。無論是在工作上，還是在娛樂或休閒上的時候，他們都會非常的有契合。

以未羊對應申猴來說，未羊藉由申猴執行企劃，申猴給予未羊舞台表現的機會，造就未羊的聲名遠播，揚名於海外各地，申猴也得到未羊給予的承諾，與穩定學習的環境，而獲得成就。

十二生肖未羊

未羊 與酉雞

的對應關係

　　未羊夏季之土，溫度燥熱，有理想、多才多藝、企圖心旺盛，適應力強，感情豐富，也善於利用環境、把握機會以實現夢想；酉雞為秋收之果，有很好的交際手腕，人際關係佳，口才伶俐，能守成，懂得投資理財、創造財富。未羊與酉雞他們的性格大大不相同，難以建立起良好的友誼，未羊的高溫之土容易導致酉雞秋收之果實剝落受傷。

　　以未羊對應酉雞來說，未羊得到酉雞的果實，使未羊本身自信滿滿，滿載而歸，得到更多的財富，一切在未羊的掌握當中；但卻因為未羊溫度燥熱，屬於極高溫，未羊給予酉雞的學術、知識、智慧，學習環境的不適應感，往往造成酉雞本身錯誤的學習觀念及錯誤的知識而受傷。因未羊也急著想表現、發表其心得、著作，使其表現不如預期的理想。

化解方法：可透過寅虎之人的互動往來，讓未羊得到事業、酉雞能突顯其價值，而改善酉雞受損的壓力。

未羊  與戌狗

的對應關係

未羊為夏天平地之土，既勇於開創，能守成，也懂得理財，而且財只進不出，對美工設計、藝術、文學有極高的興趣及研究；戌狗為秋季收斂之高山土，總是腳踏實地、穩紮穩打，務求做到盡善盡美，愛家有責任感，雖然很會賺錢，卻守不住財，能提供很多賺錢的機會，給予他周遭的人。

未羊與戌狗一高一低的土地型態，形成兩人之思想兩極化，落差極大。未羊平易近人，對事業充滿企圖心，戌狗容易三心二意，對人跟人的對待，有時差別懸殊，因為高山的水是往兩邊流，在事業的經營上，要經過慎密的企劃才會去執行。

以未羊對應戌狗來說，戌狗成就了未羊，戌狗是願意捨得付出者，能讓未羊在求財賺取金錢時，有更好的機會，戌狗是高山，也常提供了金錢及賺錢的機會給予未羊，戌狗成為未羊最好的朋友，也成為未羊在求財期間最大的貴人。

十二生肖未羊

未羊 與亥豬

的對應關係

　　未羊高溫之土，活潑大方、博學多聞、多才多藝，人緣極佳，對文學、藝術有極高的興趣及研究；亥豬屬冬天之水，頭腦清晰、反應迅速，喜歡冒險，不怕困難與挑戰，很有企圖心，因為亥豬有主動侵伐的特性，所以懂得如何與未羊相處，亥豬很喜歡接近未羊，因為未羊會帶給亥豬得到官貴、事業、財利。

　　以未羊對應亥豬來說，亥豬帶給未羊得到金錢、物質、感情、財利，但亥豬自己卻帶給未羊諸多的壓力。亥豬主動積極屬冬天之寒氣，與未羊夏天高溫之燥土，形成了高低溫之落差，讓原本未羊經營好好的事業出現了變化，這不是亥豬故意要這樣的，而是亥豬提供的金錢機會，使未羊野心大增，急欲拓展事業引起的壓力。

　　化解方法：未羊與亥豬當朋友談心就好了，不要有金錢的往來，也不要有事業的合作、合夥關係，即能化解不必要的損財投資。

申猴 與其他十二生肖的互動關係

猴子在十二地支中代表申金，為農曆的七月，節氣為立秋、處暑，為下午的3點～5點，在大自然中為高溫產生的強風，所以其個性機智伶俐、好動、執行力強、行動力佳，常常只顧著在工作上求表現，而少了關心家人與朋友。熱衷追求名利與成功，喜歡掌握一切，對名利充滿熱情和渴望。

申猴能適應各種環境。申猴主動積極、機智、聰明、幽默、活潑，能風行天下、暢行世界，生活的態度悠閒自在，卻能生存在各種險惡的環境中，一旦遇到困難時，都能運用他過人的智慧化險為夷。申猴之人能融入團體生活，也能獨自生活的相當自在，在面對感情的時候，申猴永遠都像青少年一樣熱情盲目地投入，而且有極高的佔有慾。

整體來說，屬猴之人與鼠年生之人、牛年生人、兔年生人、龍年生人、蛇年生人、羊年生人比較契合，遇牛年生人及狗年生人能安逸，周詳的思考。

以下，我們來瞭解屬猴之人與不同的十二生肖他們的契合度，知己知彼，掌握致勝先機。

195

申猴對應十二生肖地支

十二生肖申猴

遇子鼠　心甘情願
遇丑牛　思考周詳
遇寅虎　勢如破竹
遇卯兔　感情牽絆
遇辰龍　全力以赴
遇巳蛇　欽點加持
遇午馬　勞心勞力
遇未羊　傳播資訊
遇申猴　雙颱效應
遇酉雞　漸入佳境
遇戌狗　休息睡覺
遇亥豬　狂風暴雨

申猴  與子鼠

的對應關係

申猴屬秋天之陽剛之氣，活力十足，勇於開創，對工作非常投入，善理財，對崇高的理想充滿熱情；子鼠為冬天之水，機伶聰明、觀察敏銳、反應靈敏、智慧佳，富有專業的素養。

申猴與子鼠他們擁有良好的關係，但申猴的主動積極常常會讓子鼠忙碌、奔波，動的不停，子鼠從安逸變成勞動、忙碌、勇敢果斷，對生命充滿熱情，而產生了甜蜜的負擔，當然子鼠卻也樂在其中，一個願打，一個願挨。是非常有意思的一對伙伴。

以申猴對應子鼠來說，子鼠得到申猴的呵護，讓申猴得到了人生舞台，展現能力才華，也讓申猴充滿理想與熱情、不畏冒險與挑戰，從主動、積極、忙碌不停的生活中獲得成就，能有機會因子鼠的關係而改變，能成為一個善於組織領導的人，也代表申猴會為子鼠改變魯莽、衝動的個性，而功成名就。

十二生肖申猴

申猴 與丑牛

的對應關係

申猴主動積極，勇於接受挑戰、喜歡冒險與刺激，追求物質與精神層面的生活，為了目標不計代價；丑牛穩重、善於思考、固執己見，設定目標後，即會努力不懈的堅持到底。

申猴與丑牛他們兩人會成為好朋友，丑牛會喜歡申猴的伶利、活潑、勇敢果斷；而申猴喜歡丑牛的老實、憨厚、穩重、保守嚴肅，凡事經過深思熟慮，當然申猴也因丑牛的高山之土，使申猴能重新思考、規劃後再出發，能讓申猴再次孕育能量，有周詳的計劃，帶領團隊完成一切任務。

以申猴對應丑牛來說，丑牛提供了學術、知識、安定的家給予申猴，讓申猴能靜下心來學習新的專業知識、進修，得到好的文憑，規劃周詳後再出發，避免忙、茫、盲，也給予申猴一個安定平穩的家。但申猴有時也會感覺到丑牛給予諸多的限制、阻礙、約束，而失去一些大好的機會。

申猴  與寅虎

的對應關係

申猴主動、伶俐、積極，勇於挑戰，承擔責任，反應敏捷，具有獨特的魅力，屬秋天之氣；寅虎是剛從寒冬而來的春天之木，其氣屬寒，但寅虎勇於開創、腳踏實地，一步一腳印，對工作非常投入，務求做到盡善盡美。兩人雖在不同的領域上各有一片天，與生具來就有領導者的魅力，能吸引群眾的目光，但互動後卻慢慢產生了極大的落差，更發現無法一起共事。

以申猴對應寅虎來說，寅虎給予申猴求財、賺取金錢的機會，讓申猴更有目標、更有成就感，於金錢、物質上無後顧之憂，但也讓寅虎感到壓力重重，很難招架，有時寅虎覺得申猴太不顧情面，由於申猴的無情而傷了寅虎很深。

化解方法：如果要申猴與寅虎之人的友誼能更長久，可透過屬子鼠之人的互動或丑牛、卯兔之人的互動，即能化解申猴讓寅虎所產生的壓力及無妄之災。

申猴 與卯兔

的對應關係

屬猴的人和屬兔的人，雖然一個屬秋天的蕭殺之氣申猴，一個屬春天蓬勃而生之氣，但能相互的依賴，因申為傳播之氣，主動積極、熱情，製造了很多的機會給予卯兔，能讓卯兔得到了自信、機會，開花結果，造就卯兔可得到甜美之果實。

以卯兔來說，卯兔因為得到了申猴熱情之助而獲取所需，雖帶來一些壓力，但也讓卯兔得到了事業、工作，而擁有事業的舞台，使倆人的感情，成為更密不可分的關係。

以申猴對應卯兔來說，申猴喜歡挑戰，擁有雄心壯志，行事積極、衝動，不經思考；遇到卯兔能為感情、錢財而稍為靜下來計劃，申猴得到卯兔給予的金錢、熱情、物質，而使自己更有成就感，於金錢、物質上無後顧之憂，倆人相輔相成，得到良好的關係，互謀其利，各得財官之實。

申猴  與辰龍

的對應關係

申猴為秋天之氣，勇敢果斷，開創能力強，大膽自信，具有吸引群眾的魅力；辰龍為水庫，懂得抓住機會、攀登成功，有專業的素養藝術天份。申猴會賞識辰龍的智慧及專業，倆人一拍即合，成為要好的朋友。

以辰龍來說，申猴得到了辰龍的呵護、關懷，愛的付出及教育，申猴心甘情願為辰龍發展舞台、勞碌付出，付出了所有青春歲月，在所不辭，申猴為了辰龍改變了衝動的情緒跟不修邊幅的個性，一切的改變都以辰龍為重、為指標。

以申猴對應辰龍來說，申猴得到辰龍授予的學問、觀念、知識、智慧，也營造安逸家的感覺，使的申猴心甘情願為辰龍改變一切，放棄自我挑戰、冒險、衝動及一意孤行的個性，也因此得到更多的智慧，得到更多的貴人之助，成就權力。但一切也為了辰龍而身受限制、改變，不再有屬申猴的個人魅力了。

申猴 與巳蛇

的對應關係

申猴為秋天肅殺之氣的風，反應迅速、執行力強，對事物具有強烈的好奇心；巳蛇為夏天太陽火，重視實際，喜歡身體力行，有不吝付出愛及把新知傳授給別人的雅量情性。申猴之風也能傳播巳火的能量，擴大巳蛇的領域，倆人一拍即合，他們之間的友誼會在每次的合作中加深，建立出非常深厚的革命情感。他們能盡心盡力，共同完成公司交給的任務。

以申猴對應巳蛇來說，巳蛇為丙火太陽光明亮麗的特性，申猴為庚金將軍執行肅殺之氣，巳蛇給予申猴無限的能量、動力、壓力、命令，巳蛇如同公司的主管、戰場的主帥、一國之君，授權給申猴去執行，申猴名正言順、師出有名去執行巳蛇賦予的任務，全力以赴、犧生奉獻的精神，完成使命，申猴也因此得到官貴、事業、名份、職位。

巳蛇因有申猴的代勞，坐享其成，等著申猴帶回豐收的成果，得到金錢、感情，倆人在友誼互動中各取所需。

申猴 與午馬

的對應關係

申猴為秋天之金、有才華與創意,既有主見也有強烈的企圖心、活力十足,是一位具有個人魅力的領導者;午馬屬高溫之能量,其個性急躁,有行動力及執行力,頭腦聰明、活力充沛,對未來充滿理想。

以午馬對應申猴來說,午馬讓申猴得到了能量、溫度、企圖心,產生了行動力,創造事業,成就事業版圖。申猴因此也提供了金錢、物質、享受,讓午馬得到人生一桶又一桶的金,得到了豐收的財利。

以申猴對應午馬來說,申猴因為午馬產生企圖心、行動力而得到官貴,可自由自在的行使職權,創造更亮麗的事業體,雖然午馬讓申猴產生勞動之心,但一切都可在自身的掌握中,使申猴完成任務使命。申猴為午馬的金錢、財星,午馬對申猴的慷慨解囊,也必須要有足夠的承載力、自信、專業水準,才能承載這一桶又一桶的金,才能為午馬所用。

十二生肖申猴

申猴 與未羊

的對應關係

申猴為急速的強風、氣流，有強烈的自尊心，頭腦聰明、體力十足，具有吸引群眾的魅力，能成為一位優秀的領導者；未羊屬夏天之土，其性情平易近人，喜歡文學、藝術，不過未羊目標設定太多、意念太雜。

申猴喜歡未羊能充份授權，沒有約束，自由自在。申猴在未羊之土上可暢行無阻、風行天下、名氣遠播，因為未土為平地，阻礙少，可讓申猴的風來去自如、遊戲人間，他們在一起互動的時候，雙方都會覺得很開心。無論是在工作上，還是在娛樂或休閒上，他們都會有相當的默契，非常的契合。

以申猴對應未羊來說，申猴給予未羊得到舞台表現的機會，造就未羊的聲名遠播。申猴得到未羊得信賴、充分授權，給予的專業知識、智慧、執行企劃，使得自身更有自信，無後顧之憂，得到安逸穩定的家，做事有方法也有效率，而獲得成功。

申猴 與申猴

的對應關係

申猴頭腦聰明、反應敏捷、行動積極，喜歡掌控一切，申猴具有吸引群眾的魅力，能成為一位優秀的領導者。申猴與申猴倆者同屬秋天之強風，同實力、彼此瞭解、比肩與比肩的對待。

倆人在沒有利益互動的前提之下，是很喜愛互虧的一對活寶。當他們倆人在一起的時候，經常會互相捉弄對方，不管是在任何場合或任何事情的互動，他們還是不會放過任何一個能夠開玩笑、戲弄對方的機會。

但如果在有利益的互動下，那情況就不一樣了，申猴秋天肅殺之氣，個性剛烈、勇氣十足、好勝心強。申猴與申猴就會形成兩強相爭，誰也不讓誰，造成雙方的金錢虧損，卻也造成第三者的受傷，傷及無辜。所以應該要化敵為友，英雄惜英雄，共同合作創造佳績。也可透過卯兔之人或丑牛之人、戌狗之人的互相交流，才能有效的改變情勢，對倆人、對公司都有加分的。若能相互合作，必能拓展大事業版圖。

十二生肖申猴

申猴 與酉雞

的對應關係

申猴為秋天之肅殺之氣,代表未成熟之果實,屬風、傳播之氣,反應敏捷,獨力自主,喜歡新鮮的事物,所以熱衷追求名利與成功,喜歡時尚、流行的東西,比如一件新款的衣服或是一支先進的智慧型手機或一部時尚的轎車,也喜歡掌握一切。

酉雞則秋天豐收的果實,安逸享成,富有專業的素養,喜歡美食方面的雜誌、表演或看電影、音樂,酉雞都會樂此不疲。雙方對於個人不同的喜好,都會有相當堅持,及自己的意見。

以申猴對應酉雞來說,酉雞給予申猴完美的結果,讓申猴得到有價值的事物,也代表申猴的能力一直在提升,但也要懂得分寸拿捏的效率,才能完美無缺,保存酉雞的價值。但酉雞因申猴的衝動、不經思考,卻造成酉雞之壓力,酉雞覺得申猴總是咄咄逼人,令酉雞難以招架,累積過多的壓力。

申猴 與戌狗

的對應關係

申猴主動積極、坦率活潑及有企圖心,非常清楚自己要的是什麼,為達到目標,喜歡挑戰極限,但行動易衝動,做事為達到效率,常用嚴苛之語氣及方法去對待別人;戌狗忠實,屬秋天之氣的高山,戌狗個性獨立、對未來有規劃,安於現狀,能讓有名望的人親自拜訪,憑著自己忠誠懇切的思緒,與申猴成為一對可和諧相處、互相學習的朋友。

以申猴對應戌狗來說,申猴的個性太過於衝動、個性急躁、不經思考難以控制,戌狗為高山之土,能給予申猴得以穩定、安身立命、學習成長的知識,可以充電進修,申猴從戌狗身上得到知識、學習、專業,有穩定安全的感覺,讓申猴能坦誠面對錯誤、多點耐心,保持情緒穩定,行事更穩健有氣質。但申猴還是覺得戌狗管得太多,讓自己失去自由、失去活動的空間,而感到阻礙重重。

十二生肖申猴

申猴  與亥豬

的對應關係

申猴為秋天之強風，意志堅強、活力十足，企圖心旺盛、企圖強，從不輕言放棄；亥豬為冬天之水流，喜歡發號施令，反其道而行，為達目地努力不懈。申猴與亥豬狂風加水流暴漲，很容易勞民傷財，產生嚴重的土石流。

以申猴對應亥豬來說，亥豬給予申猴舞台之表現，可以展現能力、才華，但這種出風頭的表現，雖然可以產生揚名天下效果，達成目地，卻也造成嚴重的反作用，讓周遭之人神經緊繃，情緒無法平穩。申猴因此無法有良好的思緒靜下心來學習、進修，申猴雖然有了事業舞台發揮，但心情是暗淡、是快樂不起來的。

化解之道：為凡事可以多多請益丑牛，使申猴能有穩定安逸的家及學習進步，也能讓亥豬之事業蒸蒸日上。也可與午馬之人互動，能讓申猴師出有名，懂得節制；亥豬因此也能得到金錢及穩定的家。

酉雞 與其他十二生肖的互動關係

生肖雞在十二地支中屬酉，於月令代表仲秋之季的農曆八月，於節氣為白露、秋分，下午5點～7點。酉雞為秋收之果實，所以獨立大方，聰明伶俐，生性安逸，但較不會主動開創，容易驕矜自滿，以自我為中心。酉雞對任何事情都充滿好奇，也一直在嚐試新鮮事物，凡是以眼見為憑，在邁向成功的過程中，會自動尋找好幫手協助，來成就一番事業。

酉雞之人喜歡犒賞自己與品嚐美食，討厭一成不變的生活習性。他喜歡與眾不同，鶴立雞群當中，為自己工作追求他的偉大夢想，不喜歡天馬行空，他喜歡在朋友面前展露自己的能力、才華與智慧，會提早規劃退休後的生活，希望未來的浪漫、安逸的景象，能早日到來。

整體來說，屬雞之人與屬牛生之人、虎年生人與龍年生人、蛇年生人比較契合，遇丑牛之人則會安逸，可享晚福，功成身退。

以下，我們來瞭解屬酉雞之人與不同的十二生肖他們的契合度，知己知彼，掌握致勝先機。

酉雞對應十二生肖地支

遇子鼠　佳人美酒

遇丑牛　投懷送抱

遇寅虎　豐收得用

遇卯兔　現學現賣

遇辰龍　狡兔三窟

遇巳蛇　魅力迷人

遇午馬　事業責任

遇未羊　家庭壓力

遇申猴　龍捲強風

遇酉雞　自尋煩惱

遇戌狗　遍地黃金

遇亥豬　醃製蜜餞

酉雞 與子鼠

的對應關係

　　酉雞為辛金，為秋季之季、為沼澤之地，也為果實。聰明伶俐，喜歡自我為中心，善於分析、計畫未來；子鼠為水，智慧佳，頭腦清晰靈活，創意十足、有機智、好奇心強，喜歡探究新事物。酉雞與子鼠兩者一拍即合，子水入酉澤，子鼠願意與酉雞共同開創另一番事業，他們不只是普通朋友，而是熱衷參與各種社交應酬場合，生活總是熱鬧精彩而忙碌。

　　酉雞與子鼠的合作能進行大的交易和計畫，因為鼠為水，加酉為酒，酒是經過發酵的，代表能做真心的深層溝通和交流。因為彼此都能把自己深深埋在自己內心裏隱私侃侃而談，而營造出更多的互信。

　　酉雞與子鼠之互動，酉雞易炫耀自己流行的品味走在潮流的尖端，而忽略了內涵。當然，子鼠心甘情願、投懷送抱於酉雞精心設計的陷阱當中，子鼠成了酉雞炫耀的戰利品，這也是酉雞一直在彰顯自己的主要原因。

211

酉雞　　與丑牛

的對應關係

酉雞為秋天之果，樂觀積極，感性浪漫、憧憬愛情，喜歡追求快樂的人生，也富有藝術的氣息；丑牛為冬藏之地，喜歡追求精神富足，特立獨行。酉雞入丑牛之庫，成就安穩之生活，但失去了冒險的勇氣和樂趣，雞與牛兩者成為知心之交，無論是在人際互動、言語方面，還是在辦事成果方面，哪怕是微不足道的事情，兩人也會盡心盡力，合作到最好的程度。

雙方彼此都對對方有一種深度信任的心態，因此酉雞對於丑牛是心甘情願、投懷送抱與丑牛結合在一起，聽命於丑牛，丑牛也對酉雞有諸多的呵護，就是這樣彼此的信任跟依賴，使丑牛跟酉雞能成為一對最佳的朋友，和樂的相處。

以酉雞對應丑牛來說，丑牛給予酉雞知識、智慧、學問、學習的環境，丑牛也提供了安逸穩定家的感覺給予酉雞，讓酉雞得到了安全感，當然得到安逸之後的生活，也失去追求了冒險的樂趣了。

酉雞　　與寅虎

的對應關係

酉雞為秋天之氣，為秋收成熟的果實，也為安逸享成的象，樂觀開朗，感情豐沛，重視物質享受；寅虎屬春天之木，開朗大方，充滿自信，企圖心強，聰明悟性高，可成為優秀的領導者。

以寅虎之人對應酉雞來說，寅虎因得到了酉雞甜美豐碩的果實，而得到了事業成就、官貴，也得到了收成，享福，更能指揮別人得到有效率的成果，自己坐享其成，成為指標性人物。

以酉雞之人對應寅虎之人來說，酉雞因為有了寅虎之木，使自己的功能性增加了，不再是虛無漂渺的雲霧，變成了果實而提升了被利用之價值，代表酉雞只要跟隨著寅虎，就變成有價值的產物了。得到了賺錢的機會、得到財利、金錢，也得到感情，也擁有豐富的想像力和創意，倆人互謀其利，製造更多的機會及價值，是一組最佳之拍檔。

十二生肖酉雞

酉雞  與卯兔

的對應關係

酉雞聰明負責，有能力，感情豐富而浪漫、表達能力強，能說服別人配合行動；卯兔為春天之氣，想像力豐富，觀察敏銳，喜歡分析，具有開創的能力。酉雞遇到卯兔，結成甜美的果實，酉雞提升了價值，也突顯其能力及文學、藝術氣息。

卯兔面對酉雞帶來這種突來甜美的果實，可說是讓卯兔措手不及吃盡了苦頭，雖然酉雞帶給卯兔甜美的果實，但也讓卯兔產生責任及事業的舞台，卻也造成卯兔壓力重重，當卯兔在享受甜美果實的同時，背後即將產生了難以抗拒的責任、壓力。卯兔最好多多接觸大自然，多與巳蛇之人互動、學習，讓自己得到一些專業知識而成長，以化解酉雞所帶來的責任壓力。

以酉雞對應卯兔來說，酉雞因為卯兔得到了財星、賺錢的機會，即得到了金錢、物質、財利、感情，酉雞也因想要有更多的權力，去掌控一切的人事物，但終究而讓卯兔產生難以抗拒的極大壓力。

酉雞 與辰龍

的對應關係

酉雞屬後天之水庫，稱之後天兌卦，酉雞樂觀感性，喜歡聊天，生活上奉行快樂為至上的原則；辰龍屬先天之水庫位，稱之先天兌卦，企圖心強，想像力豐富，熱愛充滿變化的生活，善於理財。酉雞與辰龍兩者能和諧相處且互相吸引，是一對相當契合的朋友。雙方都不會做出互相扯後腿，對不起對方的事情，因為兩人追求事項是不一樣的，但仍然會暗自較勁如同兄弟爬山各自努力。

以辰龍對應酉雞來說，辰龍付出了愛、關懷及提供了學術、知識、智慧給予酉雞，讓酉雞得到滿滿的愛，有安全感，過著安逸快樂的生活。當然辰龍也希望與酉雞互動的同時，能得到舞台一展才華，展現能力，也能得到應有的財祿。

以酉雞對應辰龍來說，酉雞因辰龍具有創造力，時時刻刻都在追求創新，酉雞跟隨辰龍大膽往前，實現遠大的抱負，而得到富足安逸的感覺，吸收新知、充滿自信，擁有財富。

十二生肖酉雞

酉雞  與巳蛇

的對應關係

　　酉雞為秋天豐收之果，纖細敏感，直覺敏銳、善於理財，能豐收享成，所以很受巳蛇之歡迎；巳蛇為夏天之太陽，聰明大膽、熱情、才華洋溢，認真負責、喜歡賦予能量照顧別人，勇於追求。巳蛇的熱情，普照大地，讓酉雞結成甜美的果實，巳蛇對酉雞的關愛得到了感情、金錢、財利的成就。

　　以巳蛇對應酉雞來說，巳蛇因酉雞的美麗動人、樂觀感性、錢財，而熱情以對，招惹了酉雞。巳蛇對酉雞的熱情以對，擄獲了酉雞的美人心，但巳火太陽終究下山，此時巳蛇的熱情不在，酉雞只能感嘆巳蛇對情感的不忠，巳蛇也要自我檢討自己的風流、多情及迷失，讓酉雞空歡喜。

　　以酉雞對應巳蛇來說，酉雞得到巳蛇的熱情以對，而結成甜美的果實，得到了官祿、名份、事業、呵護之後，巳蛇即功成身退，留下酉雞諸多溫暖的感受及懷念。也代表酉雞的才能顯現，能掌握了巳蛇。

酉雞 與午馬

的對應關係

酉雞為秋收之果實，感性善良、有魄力，求知慾旺盛，也善於理財、喜歡奢華享受；午馬為高溫之火，熱愛生活又聰明熱情，擅長交際，非常的有群眾魅力，人緣很好，有強烈的企圖心。午馬之人個性積極，酉雞之人先天安逸，能享成。

以午馬對應酉雞之人來說，酉雞給予午馬得到果實、金錢、財利與感情，讓午馬得到優渥的物質生活，坐享其成，也擁有好的人際關係，經濟感情雙雙得利，無後顧之憂。

以酉雞對應午馬來說，午馬造就了酉雞的事業、責任，使酉雞的事業日日增長，但午馬的熱情，群眾魅力卻也引來酉雞的壓力，讓酉雞背負了極大的責任、義務，但一切的壓力責任，在酉雞得到金錢、財利進帳時，既能化解，轉為滿滿的幸福。而且如果再能得到與寅虎之人的互動或是與寅虎之人合夥共事的話，將是名利雙收。

酉雞 與未羊

的對應關係

十二生肖酉雞

酉雞為秋收之果,感性又善良而富有藝術氣息,善於理財也喜歡享受、安逸;未羊夏季之土,溫度燥熱,喜歡刺激、快速,才華洋溢,直覺力強,具有說服力,財只進不出。酉雞與未羊,他們難以建立起良好的友誼,他們的性格大大不相同,未羊為高溫之土,會導致酉雞秋收之果實剝落受傷。

以未羊對應酉雞來說,未羊傳授酉雞不適用的學術、知識、智慧,而讓酉雞得到錯誤的學習、錯誤的知識而受傷,壓力重重。也因未羊急著想表現、發表其心得、著作,使其表現不如預期的理想。

以酉雞對應未羊來說,未羊喜歡刺激、才華洋溢,甚至可以煽動別人情緒的個性,卻帶給酉雞身心疲憊,難以招架,雖然未羊主動提供了專業知識給予酉雞,表現其呵護,但卻讓酉雞敬而遠之。也因未羊太過於精心算計,會與酉雞的友誼變質。

酉雞 與申猴

的對應關係

酉雞喜歡美食、藝術，要求完美，善於理財、心思細膩，屬秋收之果，喜歡享受，也較為安逸享成；申猴屬風、傳播之氣，坦率活潑，追求理想，擁有廣大的引響力，喜歡追求時尚、流行的東西，時時刻刻都在努力尋求發展，吸收新知識。所以雙方對於個人不同的喜好及個性，都會有意見。而且酉雞對於申猴的咄咄逼人，更是難以招架。

以申猴對應酉雞來說，酉雞給予申猴完美的結果，製造產值、進化演變讓申猴得到價值的事物，努力有所成，完美無缺。但酉雞因申猴的衝動直接，卻造成酉雞之壓力。

以酉雞對應申猴來說，酉雞感性浪漫，給予申猴無限的價值，得到甜美的果實，卻因申猴的喜歡冒險，不畏困難、企圖心旺盛，而讓酉雞造成緊張壓力，無法放鬆身心。

十二生肖酉雞

酉雞  與酉雞

的對應關係

酉雞屬秋天之果實，善於理財，也懂得享受，要求完美、浪漫感性，想像力豐富，在藝術方面，有相當突出的才華表現。酉雞與酉雞，倆個相同之生肖屬性，在想法上卻存在著很大的差異，就連為人處事都各有各的風格，兩酉雞形成雲霧密佈、陰氣重重之象，而且過多的雲霧反而無法有效放鬆身心，所以產生兩者的人生觀及價值觀的分歧。

酉雞是代表雲霧還是代表果實，取決於之前的努力、付出，之前是否有播種、耕耘，所以之前如有播種的話，那就代表豐收的象，也就是當酉雞遇到酉雞之人，如果只談八卦是非或內心的心事，很容易憂上加憂，自己刑剋自己，自尋煩惱，產生了人生觀及價值觀的差異，如果酉雞與酉雞之人只談論事業經營理念、開創事業之事，那就是果實纍纍，滿載而歸，富足安樂之象。

此也可與寅虎之人多多往來、互動，即可產生好的變化結果，成為豐收享成之象了。

酉雞 與戌狗

的對應關係

酉雞屬秋天豐收之果實，要求完美，心思細膩，較為安逸享成，浪漫感性，想像力豐富，才華洋溢，也為白露之時的雲霧；戌狗為秋天過熟的果實，也為高山之土，其氣收斂，卻能將地方名人秀士、名望之人收服，連高官政耀也都能對戌狗之人恭恭敬敬，所以戌狗之魅力可想而知。因此酉雞之人與戌狗之人的互動，就會產生思想上的極大落差。

以戌狗之人對應酉雞之人，因戌狗對酉雞之關懷、付出，想要給予酉雞有安逸穩定的家，也因過度的表現、求好心切，反而弄巧成拙，而讓酉雞壓力重重，想逃避、放棄。

反之以酉雞之人對應戌狗之人，酉雞給予戌狗得到滿山豐收的果實，得到舞台之魅力表現，才華洋溢，增加了理財能量，而且果實豐收、喜悅之象。也代表酉雞之人因得到了戌狗而得到了學術、知識、專業的能力，去獲取成就、權利且安逸收成。

十二生肖酉雞

酉雞 與亥豬

的對應關係

酉雞屬秋天豐收之果實，較為安逸享成、浪漫感性、要求完美，樂觀開朗；亥豬屬冬天之水，聰明大膽，企圖心強，有主動侵伐的特性，勇於追求夢想、表達，並爭取屬於自己的權利。

酉雞收成的果實若遇亥水，很容易產生腐爛，此代表若是朋友之關係，因談論是非八卦，很容易產生情緒的低落、憂鬱，因酉雞與亥水同屬陰盛之氣，亥豬侵伐酉雞，易產生悲觀的想法。

酉雞與亥豬若以合作事業的角度來說，酉雞只在意追求夢想、能力、專長的表現，追求物質生活，而造成商業機密外洩，損失財物，讓原本信心滿滿的酉雞，變成爛掉的果實，不得不防。

> **化解之道：**為酉雞不應該急著要追求安逸享成，而是該去加強公司內部的營運、事業的經營理念，一切制度化、透明化，就能化解不必要的麻煩了。而且也可透過與寅虎之人的互動，化解這緊張的關係與氣氛。

戌狗 與其他十二生肖的互動關係

　　狗為十二地支中的戌，屬秋天收斂之氣，為農曆的九月，節氣為寒露、霜降，晚上的7點～9點，無太陽之時。屬狗之人獨力自主、認真、忠實、努力、真誠是其特性。他總是以小心謹慎、忠心的態度來面對所有的事物。戌狗之人，做事擇善固執，很少改變，並且也絕少遠離自己熟悉的環境去冒險，會事先規劃在盡全力將它完成。戌狗之人一旦對他人產生信任，就會處處為他人著想，死心踏地的跟隨，一起打拼、努力。

　　戌狗之人有極大的人際魅力，能讓有身價、名望之人，地方名人秀士對戌狗禮賢下士，恭恭敬敬，這也是戌狗之人達到目標成功之後，還是一直以小心謹慎、忠心的處事態度，讓周遭的人事對戌狗所產生的一種信任，而所得到的福報。

　　整體來說，屬狗之人能讓寅虎年生人有穩定的根基，能讓兔年生人慢慢穩定成長茁壯，能將巳蛇年生及馬年生人收服對其恭恭敬敬，可使猴年生人得到知識，不再衝動、躁進。

　　以下，我們來瞭解屬戌狗之人與不同的十二生肖他們的契合度，知己知彼，掌握致勝先機。

戌狗對應十二生肖地支

十二生肖戌狗

遇子鼠　理財投資

遇丑牛　定存財物

遇寅虎　事業有成

遇卯兔　掌控自如

遇辰龍　雲霄飛車

遇巳蛇　資政顧問

遇午馬　投資房產

遇未羊　土地開發

遇申猴　軍師幕僚

遇酉雞　佈施財物

遇戌狗　印鈔機器

遇亥豬　離家出走

戌狗 與子鼠

的對應關係

戌狗為秋天之氣、高山之土，個性獨立，悟性極佳，樂於工作且不躁進，對未來充滿旺盛的企圖心；子鼠為水，直覺敏銳、聰明靈敏、機警，腦筋動得快，燥土易吸水，子鼠與戌狗的互動，子鼠總覺得被控制、約束，不再自由，讓原本喜歡探究神秘事物的子鼠，壓力也變大了，倆人似乎不是同道中的人，因此兩人很難成為好的朋友。

從子鼠的角度來說，戌狗讓子鼠降低了原有的物慾，子鼠覺得戌狗要求太嚴格，阻礙了自己發展，但子鼠也因此得到了事業工作，能在事業上身負重責大任，自律節制。得到了好的人際關係，也得到戌狗給予的財利。

以戌狗之人對應子鼠來說，戌狗燥土與子鼠寒水之互動，戌狗卻是能得到子鼠給予滿載而歸的黃金了，子鼠提供了物質、利祿、金錢給予戌狗，使戌狗於感情、金錢上無後顧之憂，勇於追求夢想，探究其理。此也代表戌狗慷慨解囊、佈施財務之象。

225

戌狗 與丑牛

的對應關係

戌狗有收斂之氣，為西北邊之高山，個性獨立。對未來充滿企圖心；丑牛為寒冰之高山，固執已見，纖細敏感、直覺敏銳，對金錢充滿掌控的慾望，因而戌狗與丑牛他們只能和諧相處，而無法產生深厚的友誼，各自為政的個性，不動如山，無論是作為兄弟也好、同事也好，或做朋友也好，倆人都不會主動表達，如同井水不犯河水，互不相犯。

戌狗與丑牛倆者之間是沒有衝突可言的，但如果能有進一步的合作，戌狗反而可以改變丑牛冰寒固執之特性，丑牛冰凍之水融化，反而可製造戌狗更多的獲利空間，讓戌狗得到一桶又一桶的黃金。

以戌狗對應丑牛來說，戌狗的高溫，讓丑牛改變理財的方式，也讓丑牛解開心防，讓丑牛充實精神層面，轉變理財的觀念，戌狗也因此得到了更多賺錢的機會，擁有富足的物質生活。

十二生肖戌狗

戌狗 與寅虎

的對應關係

戌狗屬秋天收斂之土，十分忠誠、懇切，個性獨立，對未來充滿遠景，喜歡按照計劃實現目標；寅虎春天之氣，聰明大膽、才華洋溢，具開創的企圖心，善於執行任務，好奇心強，為了達成使命，一直往前衝，而不顧自身安危。

戌狗能讓寅虎得到穩定的根基，他們能真正成為知己的朋友，無論發生了什麼困難，他們都會並肩作戰去克服完成，誰也不會想到獨自離開、逃避現實。要他們共同克服難題之後，會使他們的友誼更進一步的發展，會變得更加的堅定和長久。

以寅虎之人對應戌狗之人來說，寅虎也因為有了戌狗，而得到滿足、得到金錢、物質，而成就了穩定的根基大業，名利雙收，如同阿里山的神木，成為豎立在高山上的參天大樹。

以戌狗對應寅虎來說，戌狗提供了優渥的物質、良好的基石給予寅虎，而造就了戌狗自己得到良好的事業，成就名望、貴氣，成為業界的指標人物。

十二生肖戌狗

戌狗 與卯兔

的對應關係

戌狗為秋季收斂之土，個性獨立，悟性極佳，會事先規劃，再盡全力完成；卯兔為春天之季，直覺敏銳，知識豐富、反應敏捷、創意十足，平易近人。戌狗與卯兔他們兩個人剛開始的互動，必須經過一些時間磨合，才可以成為知心的朋友，因為卯兔屬乙木之花草剋戌土剋不動，很難改變戌狗，但卯兔會對戌狗採取諒解，用溝通的方式相互之間的理解和支持，這就是他們的友誼能繼續下去的原因。

以卯兔對應戌狗來說，戌狗能讓卯兔得到金錢、物質、利祿，能讓卯兔有個穩定家的感覺，能讓卯兔有安全感，並得到財利及感情。

以戌狗對應卯兔來說，卯兔提供了事業、官祿、名份給予戌狗，讓戌狗樂於工作且不躁進，在事業工作上深受重視與肯定，戌狗的認真負責、努力、專心，讓整個工作銜接都能以務實而達成。

戌狗  與辰龍

的對應關係

戌狗屬較高大的山，獨立自主，悟性佳；辰龍屬低陷的水庫，創意十足，專業水準高，能透過集思廣益得到成就。戌狗為高山山嶺、辰龍為低陷之地，一高一低，兩人之思維南轅北轍，無法達到共識，所以就算屬龍的人和屬狗的人有機會互動相處，那麼他們也是無法成為知心的朋友。

戌狗和辰龍沒有相同的理念，因為辰龍屬春天之氣，主動、積極、非常的有創意，也容易自滿，一心一意想要擁有更多的賺錢機會，會主動去追求物質、財利，但戌狗卻阻礙了辰龍得財之機會，戌狗一心只想掌握權力，擁有更多智慧、知識，較不如辰龍那般的在意金錢之多寡，也較容易給人得財之機會，兩者之思想落差極大，要成為致交的可能性可想而知。

以戌狗對應辰龍來說，戌狗給予辰龍得到金錢、財利之機會，但辰龍卻是一毛不拔，水資源財星一旦入庫進入辰庫，即難以再流出，讓戌狗覺得只有自己在付出，而無法得到應有的對應關係及福利。

戌狗 與巳蛇

的對應關係

戌狗為秋天之氣，西北之高山，創意源源不絕；巳蛇為夏天之情性，反應迅速，太陽熱情之火能順應變化，進而打破傳統，完美主義者；巳蛇為了自身的理念，活力十足，朝著目標前進，好奇心強，對未來充滿理想，也一直不斷地產生被利用的價值，犧牲、付出，熱情以對任何的人事地物。戌狗有如一座的高山，無動於衷，面對巳蛇的主動熱情，戌狗卻沒有任何的反應，反而讓巳蛇的光芒派不上用場。

以巳蛇對應戌狗來說，巳蛇一直主動為戌狗付出了愛、關懷，提供了安逸的家、愛心、知識給予巳蛇，而戌狗給予巳蛇舞台機會的表現，也希望巳蛇不要再忙碌不停、勞碌奔波，能回到家中休息，享受燭光之晚餐，功成身退、安逸休閒。

以戌狗對應巳蛇來說，戌狗得到巳蛇滿滿的愛、印星、權利及智慧、知識，使戌狗更懂得如何理財，具有更旺盛的企圖心，能順利完成目標。也代表戌狗擁有群眾的魅力，能讓巳蛇名望之氣，對戌狗恭恭敬敬。

戌狗 與午馬

的對應關係

戌狗屬秋季收斂之土，被動、堅持、固執、忠心，有自己的想法，能掌握權貴，也樂於助人；午馬高溫之火，熱情、主動、積極，氣質優雅，直覺敏銳、活力十足，有旺盛的企圖心。

以午馬對應戌狗之人來說，午馬將其能量賦予給戌狗，讓戌狗得到滿滿的愛及無限的助力，此能量可蘊育戌狗成長茁壯，而戌狗對於午馬給予的能量，是多多益善，永遠都不會嫌多。午馬對戌狗的付出是無怨無悔的，如同父母對子女的關愛，就算是熱臉去貼戌狗的冷屁股，午馬仍然認為，如果這些付出，能造就戌狗的成長，那一切的辛苦也都值得。

以戌狗對應午馬來說，戌狗得到午馬給予的能量、滿滿的愛、關懷、家的安逸感覺，使得戌狗更有智慧，培養出耐心與自信，懂得如何理財，製造獲利，成就事業而成功。

231

十二生肖戌狗

戌狗 與未羊

的對應關係

戌狗為秋季收斂之高山土，直覺敏銳，重視信用、堅守原則，認真負責，本性熱誠、慷慨大方；未羊為夏天平地之土，好奇心強，對未來充滿理想，敏銳機警，具有旺盛的活力及企圖心，對錢財的掌控慾很強。

戌狗一高、未羊一低的土地，形成兩人之思想落差極大。未羊平易近人，對事業充滿企圖心，才華洋溢，戌狗交朋友有所選擇；凡事認真負責，在事業的經營上，要經過慎密的企劃才會去執行。以未羊對應戌狗來說，戌狗成就了未羊，讓未羊有很多賺錢、得財之機會，成為未羊最好的朋友。

以戌狗對應未羊來說，戌狗給予未羊好的人際關係，也因此得到財利，得到賺錢的機會，戌狗的付出，造就了未羊得到豐富的資源與金錢，讓未羊成就了事業，得到了財富，實現理想。戌狗對應未羊也可代表土地開發、轉變，成為更有價值的土地。

戌狗  與申猴

的對應關係

戌狗忠實，屬秋天之氣的高山，具有好奇心與企圖心，容易被新奇有趣的事物所吸引；申猴主動積極、聰明且有雄心壯志，雄才大略，但個性易衝動；戌狗憑著自己忠誠懇切的思緒及作風，與申猴成為一對可互相學習，和諧相處的好朋友。

以申猴對應戌狗來說，申猴太過於衝動、不經思考，總是在追求冒險刺激且不畏變化的個性，讓周遭的人感到頭痛。戌狗能給予申猴得以安身立命、學習成長，得到知識、學習、專業的優點，讓申猴有平穩安定的感覺，使申猴行事更穩健有氣質，能思考後再出發。但申猴總覺得戌狗管得太多，讓自己失去自由、失去活動的空間，而感到阻礙重重。

以戌狗對應申猴來說，戌狗因申猴而得到舞台的發揮、展現才華洋溢、大顯身手；戌狗也因申猴，而充份授權給予申猴，使得申猴可全力以赴，無後顧之憂，去執行任務。

戌狗　與酉雞

的對應關係

十二生肖戌狗

戌狗為秋天過熟的果實，也為高山之土，其氣收斂卻能將地方名人秀士收服，連高官政要也都對戌狗之人恭恭敬敬；酉雞屬秋天豐收之果實，安逸享成、自信十足，也為白露之時的雲霧；因此酉雞之人與戌狗之人的互動，就會產生思想上天地之別。

以酉雞之人對應戌狗之人，酉雞給予戌狗得到滿山的果實，而且果實豐收、喜悅之象。酉雞因戌狗而得到安逸穩定的家，理財能量增加了，也代表酉雞之人因得到了戌狗的學術、知識、專業，而得到成就、權利、安逸收成、豐收之象。

反之以戌狗之人對應酉雞之人，因戌狗對酉雞之關懷、付出，太過求好心切，因戌狗為高山收斂之土，過度的表現，而且只在意舞台之展現，忽略了酉雞的感受，反而弄巧成拙，而讓酉雞壓力重重，想逃避、放棄。所以戌狗之人與酉雞之人在互動時，戌狗必須注意到酉雞的感受，免得幫倒忙弄巧成拙。

戌狗 與戌狗

的對應關係

戌狗屬秋天收斂之氣，也為高山之土，感情豐富，又能獨立自主，嚮往自由自在的生活，而且重視紀律、專注負責。戌狗與戌狗，形成了兩座的高山，屹立不搖於大地中，而產生了雲霧及泉水，源源不絕的水流為戌狗之金錢、財物，代表戌狗之人遇到戌狗之人的互動，會成為一部高速率的印鈔機，製造了很多的財源，很會賺錢，但卻不會理財，右手進左手出，滿地的黃金，卻一直無法掌握。

以戌狗對應戌狗來說，固執加上固執，無法改變，不知變通，沒有進步，少了變通性，不懂得理財，而白白浪費了賺錢的機會，眼睜睜讓金錢從身邊流走。

> **化解之道：**最好能透過屬寅虎之人的協助或透過學習新知，較能有效的掌握到理財的成果；也可透過自身的學習、成長，加強印星火的力量，學習專業知識，就能掌握住金錢了，成為吸金高手。

十二生肖戌狗

戌狗 與亥豬

的對應關係

戌狗屬秋天收斂之土、穩定之高山，喜歡隱居幕後，不想吸引眾人的注目眼神，視名望為虛幻不實之物，卻有辦法讓名望之人對戌狗恭恭敬敬；亥豬屬冬天流動之水，不喜歡變化，主動積極，富有創造力及執行力。戌狗這座高山與亥豬流水很難達到共識，戌狗也難以掌控亥豬的流水。

以戌狗之人對應亥豬來說，亥豬提供了求財、金錢、物質之機會給予戌狗，戌狗卻因自己的觀念，而難以掌握這得財之機會。也代表亥豬之人處處為戌狗找尋賺錢的機會，得到了金錢，卻也形成戌狗無法進入狀況的障礙，求財的企圖心一直在走退，而眼睜睜看著金錢的流失，而無法掌握。

化解之道：是透過午馬之人，或透過學習、求知的方式，而能更有效的掌握住這得之不易的求財機會。當然自身主動、積極、活躍也可產生火的能量，也是讓自己擁有得財之機會最好的法門。

亥豬 與其他十二生肖的互動關係

豬在十二地支中代表亥水，亥水有主動侵伐的特性，主動積極，富有創造力及執行力，但不喜歡變化，都朝固定的模式進行；遇季節為農曆十月份，於節氣為立冬、小雪，降雪之後，時序入冬，故取名「立冬」即為亥月，為晚上9點～11點。亥豬之人較不在意周遭環境及生活品質，只在乎自己本身，只要容身之處是乾淨的，較不管其他的地方如何髒亂，亥豬喜歡享受美食，注重感覺，會執著在小事情上。

亥豬之人不懂得拒絕的藝術，樂於助人、慷慨大方，毫不保留的與別人分享他所擁有的一切，對於他不願意做的事情，是沒有商量之地的，愛情與家庭，還有美的事物、藝術等與享樂的休閒，都是他的最愛，並樂在其中，尤其是女性朋友，而且感情也特別豐富。

整體來說，屬豬之人與虎年生人、兔年生人、馬年生人、羊年生人比較契合，與他們在一起可擁有很好的默契，成為要好的朋友，但亥豬會因吹毛求疵的執著，帶給這些友人感到無比的壓力。

以下，我們來瞭解屬亥豬之人與不同的十二生肖他們的契合度，知己知彼，掌握致勝先機。

十二生肖亥豬

亥豬對應十二生肖地支

遇子鼠　招兵買馬

遇丑牛　三思後行

遇寅虎　罪魁禍首

遇卯兔　才華洋溢

遇辰龍　自我設限

遇巳蛇　重見光明

遇午馬　理財高手

遇未羊　行兵作戰

遇申猴　暗無天日

遇酉雞　不安於室

遇戌狗　努力不懈

遇亥豬　風雲變色

亥豬 與子鼠

的對應關係

亥豬屬陽水，善於表達情緒和想法，本性熱誠，慷慨大方，有旺盛的企圖心；子鼠屬陰水，思路敏捷、細心縝密，能洞燭先機，情感與理智兼具。倆者水上加水，集智慧與執行力。

子鼠與亥豬兩人可以一同出外遊樂互動，互說遠景，可以成為知心的朋友。但是亥豬帶有侵略性的野心，這是子鼠欠缺的、無法擁有的特質，所以相當得到子鼠的讚賞。

但儘管子鼠如此思路敏捷，能夠與亥豬和諧相處，而且能同甘共苦都是因為子鼠與亥豬的水是同祖源。子鼠會以亥豬為主，以亥豬說了算，這種互動為兩人的感情提供了生存的空間，能攜手合作，為一個共同的目標而奮鬥、努力，完成任務。如能再配合子鼠的智慧及亥豬的執行力，再加上有主動、熱情、活耀、光明的特性，多關愛對方，會因此而成就一番驚天動地的大事業來。

亥豬　與丑牛

的對應關係

亥豬為流動侵伐力強的水，精力充沛，勇於創造，喜歡冒險刺激，能為目標勇往直前；丑牛為寒冰之冰山，個性獨立，不喜歡變化、感情豐富，外表害羞、冷靜，但內心渴望火的熱情。

亥豬因丑牛而改變了衝動、侵伐的特性，而得到名份、地位，但是亥豬因丑牛高山冰凍之土，也常覺得丑牛約束太多，讓自己做起事來綁手綁腳，丑牛與亥豬同屬冬天之氣，可成為要好的朋友，丑牛得到亥豬的大水，如同得到財源，求財的機會變多、變大了，且因亥豬的財是主動提供，讓丑牛於金錢上無後顧之憂。只要兩人更加的熱情主動，即會有更多金錢的降臨。

以亥豬對應丑牛來說，丑牛能讓亥豬三思而後行，經思考後再出發，才不會迷失方向，朝既定的事業目標勇往直前，而獲得名份、職位，得到事業的成就，實現夢想。

亥豬 與寅虎

的對應關係

亥豬為冬天之水，聰明大膽，才華洋溢、企圖心強，勇於追求夢想，能為目標勇往直前，其性蓄勢待發的準備去侵伐、滲透；寅虎為春天之木，勇於表達自己的權益，能克服障礙，在團體中很受到矚目，倆人相處一拍即合。

以寅虎來說，亥豬會不吝於對寅虎諸多的付出、關愛，但亥豬的付出卻讓寅虎深感受困，無法自在的發揮，因為冬天之水無法生木，也代表寅虎因亥豬而學習到錯誤的知識、學問，讓寅虎身陷亥水所帶來的災難當中，而無法脫穎而出。

以亥豬對應寅虎來說，亥豬的主動積極，急著發表著作的言行，去展露自己的能力才華，反而是讓自己受限，不經思考、計畫的行為反而讓自己受困其中，無法施展與生具來的實力。也代表自己劃地自限，把很多機會搞砸了。

> **化解之道：**建議倆人之相處互動，宜多接觸大自然、陽光，產生火的能量，以化解水困木之情性。

亥豬 與卯兔

的對應關係

亥豬為冬天之水,聰明大膽、企圖心強,勇於追求夢想,為目標而勇往直前;卯兔為春天之木,積極主動、浪漫熱情、個性溫柔,對未來充滿憧憬。亥豬為晚上、寒冬之水,亥豬雖然對卯兔是諸多的呵護,但卻讓卯兔覺得是成事不足,敗事有餘。卯兔對亥豬所提供的資源、無法隨心所欲,對卯兔無助力,反而讓卯兔損傷,倍感壓力。

以亥豬對應卯兔來說,亥豬對卯兔的愛、關懷,只會讓卯兔覺的亥豬另有目地而來,也讓卯兔學習到負面的知識、學問,亥豬雖然擁有了卯兔,卻無法讓卯兔快樂、自在。

化解之法:為兩者多參加戶外活動,多接觸大自然、太陽光丙、巳火,就可化解亥豬對卯木無意中所造成的壓力及損傷了,也可透過與巳蛇之人的互動,讓事情攤在陽光下,可得到應有的利潤、財利,也可得到出色的舞台,一展魅力。

亥豬 與辰龍

的對應關係

亥豬為冬天之情性，爆發力十足，企圖心強，喜歡追根究柢，也喜歡獨樹一格，有獨特的魅力；辰龍之水庫，聰明、有品味，善於溝通協調，人際關係良好，很容易收藏所有的水資源，當然亥豬也是水資源之一，但亥豬這種極陰冬天之水資源，與春天蓬勃而生，喜歡光明的辰龍卻是格格不入。

以辰龍對應亥豬來說，辰龍若和寒冬萬物收藏的亥豬互動，會讓辰龍因亥豬所資助的金錢來源不明，而損壞了名譽，也將原本辰龍的金錢來源給染黑了，代表辰龍的人、事、物受了傷，因為亥豬提供的金錢惹了禍成了汙點，亥豬帶有黑暗的情性，讓辰龍退避三分。

以亥豬之人對應辰龍之人來說，亥豬的主動、侵伐、積極、爆發力十足，卻因辰龍的水庫給受限了，亥豬因為辰龍給予的事業，心甘情願進入辰庫中，也代表亥豬為了事業，放棄了追根究柢、獨樹一格的特性，心甘情願為事業受限於辰庫之中。

十二生肖亥豬

亥豬 與巳蛇

的對應關係

亥豬冬天之水、活力十足，聰明有雄心壯志，喜歡追根究柢、突破傳統；巳蛇樂觀開朗，喜歡追求多采多姿的生活，才華洋溢，朝目標前進。亥豬與巳蛇兩者之互動，是極為對立的陰晴情性，常常由陰轉晴，或由晴轉陰，說變就變，很難瞭解倆人之互動的心性。

巳蛇主動熱情，想法正面、直接，雖然亥豬也是主動，但亥豬的這種主動，是想要巳蛇能遵循其模式進行，想法較為負面，掌控型之心態，巳蛇知道面對亥豬之想法，會如同從天堂掉了下來，合作時也開心不起來。也可比喻巳蛇對於亥豬這份工作事業型態，是沒有共鳴與共識，是無法讓巳蛇開開心心的完成工作使命。

以亥豬對應巳蛇來說，亥豬因巳蛇而得到了金錢、物質、財利；也代表亥豬遇到巳蛇，要求取錢財、物質、感情時，都必須光明以對。一切事情將無法在隱瞞了，所有一切得攤在陽光下受人檢視。

亥豬 與午馬

的對應關係

亥豬屬冬天之水，其性積極、主動、活力十足，喜歡獨樹一格、聰明大膽、勇於追求夢想，但就是少了火熱情；午馬高溫之火，代表能量、溫度、磁場，個性熱情、主動、積極、精明機警，具有旺盛的企圖心，對事情有獨特的見解。

午馬因亥豬的關係，而成就了午馬的事業，但這份事業工作，會讓午馬陷入事業的壓力及責任當中，無法有選擇的機會，只能全力以赴，盡心盡力完成一切工作使命。

以亥豬對應午馬來說，午馬熱情提供了金錢、物質、錢財及能量、感情，給予亥豬，讓亥豬於金錢上無後顧之憂，能全力以赴，也造就了亥豬積極、熱情的情性，亥豬遇午馬願意接受人之檢視，得到求財、求感情之機會，造就了安逸穩定的生活，得到滿滿的喜悅，名利雙收。

十二生肖亥豬

亥豬 與未羊

的對應關係

亥豬屬冬天之水，亥豬有主動侵伐的特性，聰明大膽，勇於追求夢想，對事情追根究柢；未羊高溫之土，工作上腳踏實地、認真負責，能承擔工作事業之責任，更有經營事業的手腕，擅長組織管理。亥豬主動、積極，懂得如何與未羊相處，亥豬很欣賞未羊，因為未羊能給予亥豬無限的空間，自由自在，並且帶給亥豬得到官貴、事業、財利，可說是名利雙收。

以未羊對應亥豬來說，亥豬帶給未羊金錢、感情、財利，但也帶給未羊諸多的壓力。亥豬的主動、大膽、積極引來高低溫之落差，讓原本未羊經營好好的事業出現了重大的變化，這不是亥豬故意要這樣的，而是亥豬提供的金錢機會，使得未羊野心大增，急著拓展事業而引起的壓力。

以亥豬對應未羊來說，未羊會充分授權給予亥豬，亥豬得到事業，於事業工作上可自由發揮，無拘無束，亥豬也因未羊而得到了權貴，也得到了金錢、財利及事業版圖。

亥豬 與申猴

的對應關係

亥豬為冬天之水流，活力十足、聰明大膽，喜歡獨樹一格，勇於追求夢想；申猴為秋天之強風，魅力十足，聰明且有雄心壯志，能統合不同意見，具有好奇心與企圖心。申猴狂風加亥豬水流暴漲，而產生嚴重的土石流，很容易勞民傷財，傷及無辜。

以申猴對應亥豬來說，亥豬給予申猴舞台之表現，可以展現能力、才華，但這種表現、出風頭，雖然可以產生揚名天下的效果，達成目地，卻也造成嚴重的反作用。申猴因為亥豬無法有良好的思緒，只在意舞台的魅力表現，忽略自我約束將造成雙方勞心勞力。

以亥豬對應申猴來說，亥豬希望能靜下心來學習、進修，因為申猴給予亥豬求知之機會，但亥豬卻無法有空閒之餘好好的複習進修，代表申猴幫倒忙，讓亥豬更忙碌不停。

化解之道：為凡事可以多多請益丑牛，丑牛屬雪山一般的寒冰之土，能使申猴有穩定安逸的家及學習進步，也能讓亥豬不用這麼忙碌，就可以事業蒸蒸日上了。

十
二
生
肖
亥
豬

亥豬 與酉雞

的對應關係

亥豬屬冬天之水，魄力十足、專注力高、聰明有雄心壯志，具有好奇心與企圖心；酉雞屬秋天豐收之果實，安逸、享成，擅常於溝通協調，要求完美。酉雞收成的果實遇亥豬之鹹水，很容易產生腐爛。此代表若是朋友之關係，會因談論是非八卦，很容易產生情緒的低落、憂鬱，因酉雞與亥水同屬陰盛之氣，陰盛易產生悲觀的想法。

若以合作事業的角度來說，酉雞遇亥豬，眼前只在意能力、專長的表現，一旦吊以輕心就會造成商業機密外洩，損失財物，讓原本信心滿滿的酉雞，變成爛掉的果實。

以亥豬對應酉雞來說，亥豬的主動積極，造成酉雞的壓力，使酉雞傷痕累累，酉雞之沼澤卻因為亥豬不速之客的到臨，而造成財物、果實之損傷。

化解之道： 最好讓亥豬透過熱情，多接觸大自然，或透過與午馬之人及巳蛇之人的互動，可讓酉雞減少壓力負擔。

亥豬 與戌狗

的對應關係

亥豬屬冬天流動之水，主動積極，喜歡接受挑戰，有很強的英雄崇拜情結，在豐富的引領下，可開拓未知的領域；戌狗屬秋天收斂之土、穩定之高山，能洞察先機，掌握趨勢及讓名望之人、文才秀士為其敬重，禮賢下士。一座高山的戌狗與亥豬所屬的流水，很難達到共識，戌狗難以掌控亥豬。

以戌狗之人對應亥豬來說，亥豬提供了求財、金錢、物質之機會給予戌狗，戌狗卻因自己固執的觀念，而難以掌握這得財之機會，當然也可代表戌狗因為有亥豬，而產生源源不絕的財利，但戌狗之人卻生在福中不知福，求財的企圖心一直在走退，而眼睜睜看著金錢不斷的從身旁流失。

以亥豬對應戌狗來說，戌狗提供了公司、事業、工作、穩定安逸的家，讓亥豬有事業的目標，努力不懈、力爭上游，得到了事業的成就；亥豬也因有了戌狗，而無法再隨心所欲，無法去做他想做的事，但也改變了亥豬奔波勞碌之情性。

249

十二生肖亥豬

亥豬 與亥豬

的對應關係

亥豬屬冬天之情性，對神祕學及未知的事情充滿好奇心，求知慾強，喜歡追根究柢，常常變成八卦的爆料者。亥豬與亥豬之人，兩個同屬性，他們有相近的性格和興趣，積極主動，一直再擴展人脈。無論做什麼事情，他們都會不約而同，意見一致，十分的投機。

但兩個亥豬的水，水太多、太過於氾濫，容易產生破壞性、侵伐性，所以兩人在一起很容易聊是非、八卦跟負面的一些觀念，重覆一些沒有義意的事。亥豬與亥豬的互動，可遇到志同道合的朋友，但兩人容易花錢不知節制，如同不當的洩洪，讓周遭的人、事、地、物壓力重重，也易造成金錢、財物的流失。

化解之道：宜購買房地產或保險保值，也可透過與午馬之人的互動，產生好的理財觀念，凡事不要追根究柢，挖掘事實真相，才不致於得罪人而自己又不知；多多到大自然走動，接觸陽光之氣，可轉化情緒，產生自信，也能增加財利。

以上為上冊一百四十四組的生肖地支對應關係，讓您即時掌握人際之互動，求財致富，準確度相當的高；用在生肖地支占卜，更是掌握先機致勝的要件。遇到未知的事情，透過太乙為您精心設計的生肖地支占卜牌卡馬上應用，快速解決難題，找到解決之道，隱密、保護隱私。於下冊有十二項目的大綱解析，可應用對照。另有一本生肖地支專解下冊篇，用於解析十二項目內容的由來。

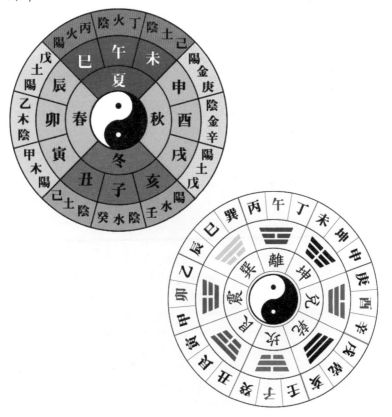

十神法

十神法 ： 簡稱六神又稱十種通變星宿

以第一張牌作為基礎，與其他各個數字、生肖（天干及地支）比較後的生剋關係。

～記憶口訣～

同我為比肩、劫財（同陰陽為比肩、不同陰陽為劫財）

我生為食神、傷官（同陰陽為食神、不同陰陽為傷官）

我剋為正財、偏財（同陰陽為偏財、不同陰陽為正財）

剋我為正官、七殺（同陰陽為七殺、不同陰陽為正官）

生我為正印、偏印（同陰陽為偏印、不同陰陽為正印）

十二生肖地支 十神對照表

1 為主體直式，代表第一張牌對應 2 為客體橫式

1＼2	子鼠	丑牛	寅虎	卯兔	辰龍	巳蛇	午馬	未羊	申猴	酉雞	戌狗	亥豬
子鼠	比肩	七殺	傷官	食神	正官	正財	偏財	七殺	正印	偏印	正官	劫財
丑牛	偏財	比肩	正官	七殺	劫財	正印	偏印	比肩	傷官	食神	劫財	正財
寅虎	正印	正財	比肩	劫財	偏財	食神	傷官	正財	七殺	正官	偏財	偏印
卯兔	偏印	偏財	劫財	比肩	正財	傷官	食神	偏財	正官	七殺	正財	正印
辰龍	正財	劫財	七殺	正官	比肩	偏印	正印	劫財	食神	傷官	比肩	偏財
巳蛇	正官	傷官	偏印	正印	食神	比肩	劫財	傷官	偏財	正財	食神	七殺
午馬	七殺	食神	正印	偏印	傷官	劫財	比肩	食神	正財	偏財	傷官	正官
未羊	偏財	比肩	正官	七殺	劫財	正印	偏印	比肩	傷官	食神	劫財	正財
申猴	傷官	正印	偏財	正財	偏印	七殺	正官	正印	比肩	劫財	偏印	食神
酉雞	食神	偏印	正財	偏財	正印	正官	七殺	偏印	劫財	比肩	正印	傷官
戌狗	正財	劫財	七殺	正官	比肩	偏印	正印	劫財	食神	傷官	比肩	偏財
亥豬	劫財	正官	食神	傷官	七殺	偏財	正財	正官	偏印	正印	七殺	比肩

十神應用個別涵意

十神應用於人、事、地、物感受的對待關係。比如說印星,那印星是保護、知識…愛的家,也是一種學術…等。但每一種六神的對待有不同的感受、義意、性情、人事,以下介紹不同的十種組合關係,但這只是一種感受、義意、性情,而無關吉凶,真正吉凶於本書生肖占卜篇—上冊詳細的 144 組的對待組合論述。

1. 正官(不同陰陽)

剋我為 正官、七殺(事業、責任)

感受:生活中,凡是讓我心甘情願產生的責任、受到的管教、管理的、約束的、控制的,改造的、阻礙的、牽制的、給予我壓力的一切人、事、地、物都稱之為正官。

義意:代表學位、名譽、名望、地位、合作手段、責任、義務、壓力、事業、工作、官訟、病痛。

性情:代表有規律、正直、保守、負責任、重紀律、守禮法、遵循傳統,心甘情願被約束的。

人事:代表家中男主人、家庭擔子、社會輿論、聲譽、禮數、警察、法律、上司、師長女命的丈夫、姐夫、妹婿。男命的女兒、姪女。都稱為正官。

十二生肖地支遇正官的組合

以下單純以工作事業為代表，作簡單的解析

子鼠屬陰水遇辰龍、戌狗陽土為正官。子水入辰庫，投入工作事業。子水與戌狗，戌狗無法掌握子鼠，工作輕鬆自在。戌為燥土，燥土也易吸水、戌狗也能產生水資源，所以子鼠對工作的掌握，能隨心所欲。

丑牛屬陰土遇寅虎陽木為正官。寅虎之木在丑牛上能慢慢穩定成長，與事業黏密。

寅虎為陽木遇酉雞陰金為正官。寅虎之木成長結成甜美果實，因事業得到豐收。

卯兔為陰木遇申猴陽金為正官。卯兔與申猴黏密，受申猴牽絆，卯兔相當投入事業。

辰龍屬陽土遇卯兔陰木為正官。辰龍使卯兔有速成之氣，事業經營有聲有色。

巳蛇屬陽火遇子鼠陰水為正官。巳蛇因子鼠之水而忽晴忽雨，事業經營壓力大，較難以掌握。

十神應用個別涵意

午馬屬陰火遇亥豬陽水為正官。午馬之火因亥豬之水而受牽絆，經營事業壓力重重，而全心投入，無法有自由之身。

未羊屬陰土遇寅虎陽木為正官。寅虎在未土之上能快速成長，很會經營掌握而且工作黏密。

申猴屬陽金遇午馬陰火為正官。午馬之火能驅動申猴，雖然辛苦、忙碌，但很有魄力及執行力。

酉雞屬陰金遇巳蛇陰火為正官。巳蛇之火合酉雞，雖辛苦，但酉雞能掌握事業，經營有成。

戌狗屬陽土遇卯兔陰木為正官。卯兔之木剋不住戌狗高山之土，經營事業輕鬆自在，不受牽絆，運作自如。

亥豬屬陽水遇丑牛、未羊陰土為正官。丑牛為高山，亥豬被丑牛阻擋，辛苦經營，事倍功半。未羊為平地，亥豬經營駕輕就熟，得財及得到權貴、事業。

2. 偏官（七殺）同陰陽

剋我為正官、七殺（事業、責任）

感受：凡是讓我心不甘、情不願所產生產生的、承擔、
　　　受限，使我受到阻礙、約束、壓力、痛苦、控制、
　　　破壞的一切人、事、地、物都稱之為偏官，即為
　　　七殺。

義意：受限、壓力、責任、事業、名份、掛名、記律、
　　　權威、勢力、競爭手段、工作、官訟是非、病
　　　痛，當然也為一種極權的權貴、名份。

性情：代表直接叛逆、敵對、不信任、剛烈、偏激、
　　　嚴肅而好勝，也為壓抑，被破壞、被牽絆、受
　　　限的。

人事：代表推廣教育的上司，社團的理事長、會長、
　　　教官，人民團體的制度；敵人、競爭對手、小
　　　人、惡勢力，苛刻的長輩上司、老闆、人民保
　　　母的警察。女命之兒媳、夫家之姐妹、偏夫、
　　　男朋友。男命之兒子、姐夫、妹婿、姪兒。

十二生肖地支遇偏官的組合

以下單純以工作事業為代表，作簡單的解析

子鼠屬陰水遇丑牛、未羊陰土為七殺。子鼠遇丑牛，
　　　投入事業而受困，經營辛苦、受限。子屬
　　　因未羊，而產生受限，但也因事業得到了
　　　印星（辛金）房產與財富。

丑牛屬陰土遇卯兔陰木為七殺。卯兔之木無法牽絆約
　　　束丑牛，經營事業駕輕就熟，也代表我把
　　　事業搞垮，不得不小心經營。

寅虎為陽木遇申猴陽金為七殺。申猴讓寅虎之木受傷，
　　　因事業而奔波勞碌，得不償失。

卯兔為陰木遇酉雞陰金為七殺。卯兔因酉雞結成果實
　　　成就，但即將面臨的是卯兔功成身退。

辰龍屬陽土遇寅虎陽木為七殺。寅虎遇到辰龍春季之
　　　土，成長茁壯，代表辰龍把事業經營的有
　　　聲有色。

巳蛇屬陽火遇亥豬陽水為七殺。亥豬將巳蛇之火滅掉，
　　　因事業身受其傷害，傷痕纍纍。

午馬屬陰火遇子鼠陰水為七殺。子鼠將午馬之火沖掉，
　　　　子鼠這份工作事業讓我受傷，沒有自我，
　　　　雖可得財，但卻是壓力換來的。

未羊屬陰土遇卯兔陰木為七殺。卯兔遇未羊夏季之
　　　　土，卯兔快速成長與未羊緊密結合，代表
　　　　未羊經營事業有成，而且以事業為家。

申猴屬陽金遇巳蛇陽火為七殺。申猴遇巳蛇這份事業，
　　　　讓申猴更積極、更有執行力、有魄力，樂
　　　　此不疲。

酉雞屬陰金遇午馬陰火為七殺。酉雞為秋收之果遇午
　　　　馬這份事業，使酉雞精疲力盡，難以發揮，
　　　　身受其限。

戌狗屬陽土遇寅虎陽木為七殺。戌狗經營事業遇寅虎，
　　　　將事業經營成為阿里山神木、指標性的事
　　　　業，也代表全心投入。

亥豬屬陽水遇辰龍、戌狗陽土為七殺。亥豬遇辰龍事
　　　　業，積極投入，反弄巧成拙，讓事業受其
　　　　害。遇戌狗卻無法瞭解工作之價值。

十神應用個別涵意

3. 正印(不同陰陽)

生我為 正印、偏印（權利、保護）

感受：代表屬於較正規的教育、學術,師出有名的權力,
受到公證的文憑,公家的、受到肯定的；得到關
照,扶持,即是給我,愛我,撫育我,蔭我,給
我恩惠的地方,對我有助力的地方,是我被動接
受的地方,不得不的地方。

義意：代表衣服、房子、車子、權力、地位、靠山、後
臺、可保護我、聲譽、氣質、涵養、福蔭、學術、
名譽、文憑、知識、智慧、學習、家庭、長輩。

性情：代表謙讓、溫文、慈祥、勤懇耐勞,重視名譽、
愛惜面子、珍惜羽毛、隱惡揚善。

人事：代表提拔我的長輩、貴人、有名望的人,助我增
長學識的老師。女命之祖父、女婿、孫兒；男命
之母親、外孫女。

十二生肖地支遇正印的組合

以下單純以學習、家為代表，作簡單的解析

子鼠屬陰水遇申猴陽金為正印。子鼠之水遇申猴之印星，代表子鼠因學習求知使自己更勞動。

丑牛屬陰土遇巳蛇陽火為正印。丑牛之寒凍之土遇巳蛇太陽火，使丑牛得到滿滿的愛與幸福及好的學習成果。

寅虎為陽木遇子鼠陰水為正印。寅虎之木遇寒冬之水生印，雖得到學術、智慧，但無法學以致用，如同寒窗苦讀而無法展現。

卯兔為陰木遇亥豬陽水為正印 。卯兔得到亥豬之水正印，使自己學到錯誤的學術，而身敗名裂，也代表住錯房子。

辰龍屬陽土遇午馬陰火為正印。辰龍為深淵水庫，午馬讓辰龍得到滿滿的熱情，能學以致用得到權貴。

巳蛇屬陽火遇卯兔陰木為正印。巳蛇遇卯兔之正印，反將所學習到的成果，發揚光大。

十神應用個別涵意

午馬屬陰火遇寅虎陽木為正印。午馬學習到寅虎之學術，又將其學術發揚光大，造福社會。

未羊屬陰土遇 巳蛇陽火為正印。未羊得到巳蛇之教導，不只得到智慧，也得到權貴、名聲、地位，又將事業經營的有聲有色。

申猴屬陽金遇丑牛、未羊陰土為正印。申猴因丑牛高山使自己懂得三思而後行。申猴學習到未羊的學術，可風行天下，暢行無阻。

酉雞屬陰金遇辰龍、戌狗陽土為正印。酉雞因學到辰龍的學術，而讓自己得到更多的機會，也提升了價值。酉雞因戌狗之印星，有滿滿的豐收及得到愛的關懷。

戌狗屬陽土遇午馬陰火為正印。戌狗得到午馬的學術，無法倘開心胸將學術作傳承，而只作為傳家之寶。

亥豬屬陽水遇酉雞陰金為正印。亥豬學習到酉雞的學術，將酉雞的學理擬清了，但卻不使用此學理，對此理論不認同。

4. 偏印(同陰陽)

生我為 正印、偏印（權利、保護）

感受： 代表非正規的教育、學術，較為師出無名的權力、不是公證的文憑、私人的；代表得到關照，扶持，即是給我，愛我，撫育我，蔭我，給我恩惠的地方，對我有助力的地方，是我主動接受的地方，但也代表可要不可要接受的地方，讓我安逸、享成的地方。

義意： 代表知識、智慧、學習、房子、愛的家、權利、名譽、文憑、學術、汽車、衣物，可以保護身體的一切人事地物。

性情： 代表憂鬱、疑慮、孤癖、重幻想、心意不定、思想言行成熟老練、怪異、點子王、第六感強、超俗、特殊領域。

人事： 代表親族長輩、意外的助力，提拔我的長輩、師長、老師。女命之母親、孫女；男命之祖父、外孫男。

十神應用個別涵意

十二生肖地支遇**偏印**的組合

以下單純以學習、家為代表，作簡單的解析

子鼠屬陰水遇酉雞陰金為偏印。子鼠遇到酉雞的學術，
　　　　大感驚喜，而全心投入學習研究，廢寢忘
　　　　食。

丑牛屬陰土遇午馬陰火為偏印。丑牛因學習到午馬的
　　　　學問，而改變了執著，一層不變的情性。

寅虎為陽木遇亥豬陽水為偏印。寅虎學習到亥豬錯誤
　　　　的學術，反而使自己受限，無法成長與突
　　　　破。

卯兔為陰木遇子鼠陰水為偏印。卯兔遇子鼠之學術，
　　　　使自己受傷，無法學以致用，只是讓自己
　　　　口才好而以。

辰龍屬陽土遇巳蛇陽火為偏印。辰龍為深淵水庫，透
　　　　過巳蛇的學問，能將其學術發揚光大。

巳蛇屬陽火遇寅虎陽木為偏印。寅虎這位老師教導巳
　　　　蛇，反從巳蛇身上得到進步成長的動力。

午馬屬陰火遇卯兔陰木為偏印。卯兔這位老師教導午馬這位學生，因為午馬太出名、亮麗，反讓卯兔產生壓力。

未羊屬陰土遇午馬陰火為偏印。未羊得到午馬的學術、溫度、能量，讓未羊成就官貴、權利。

申猴屬陽金遇辰龍、戌狗陽土為偏印。申猴遇辰龍，全新投入學習、研究，沒有自我。申猴遇到戌狗之學術，能讓自己靜下心來，認真學習。

酉雞屬陰金遇丑牛、未羊陰土為偏印。酉雞遇丑牛因學習，廢寢忘食，全新投入。酉雞遇未羊之學習，反而讓自己身體受損，也代表學到錯誤理論。

戌狗屬陽土遇巳蛇為陽火偏印。戌狗將巳蛇的學問，全部吸收，也代表淘汰掉老師的學理。

亥豬屬陽水遇申猴陽金為偏印。申猴全力以赴將學問作傳承，卻引來亥豬的事業毀滅。也代表亥豬遇申猴經營事業有辦法去故革新，將傳統重新改革。

十
神
應
用
個
別
涵
意

5. 比肩（同陰陽）

同我為 比肩、劫財（兄弟、客戶）

感受： 同五行、同陰陽、同喜好、不分彼此，無輩份之分，平起平坐，互相牽引，有如同輩之互動與關心，人際關係好，彼此既合作也競爭，代表不在意的競爭，屬同實力、旗鼓相當的競爭對手，有時也因我的不在意而讓我損失更多的競爭者。

義意： 知己、助力、競爭、財損、人際關係佳、手足，可代替手足運作的人、事、地、物。

性情： 代表崇尚自由、自主、冷靜、自私心與自尊心，自我意識較強，不易變通，也代表堅定自己之立場，強調自我的價值，不願接受別人的意見。

人事： 代表非常了解我的客戶、朋友、同輩、事業上的夥伴、對內之感情，最了解我的人，內奸。女命之姐妹、妯娌；男命之兄弟、姑丈。同性之朋友、客戶。

十二生肖地支遇比肩的組合

以下單純以朋友、兄弟為代表，作簡單的解析

子鼠屬陰水遇子鼠陰水為比肩。子鼠屬水，水為智慧加智慧，遇到聰明絕頂的好朋友。

丑牛屬陰土遇丑牛、未羊陰土為比肩。丑牛冰凍的高山，兩座冰凍的山，相敬如冰。遇未羊會因朋友改變心性，也代表因朋友損財。

寅虎為陽木遇寅虎陽木為比肩。寅虎從丑牛破土而出，具有開創之性，形成兩虎相爭。

卯兔為陰木遇卯兔陰木為比肩。卯兔與卯兔活耀之氣，人多口雜，易有八卦是非，也為蓬勃而生之象。

辰龍屬陽土遇辰龍、戌狗陽土為比肩。辰龍遇辰龍，內心看不到陽光，有隱憂之象。遇戌狗這位兄弟、朋友，反而造成得財之象。

巳蛇屬陽火遇巳蛇陽火為比肩。巳蛇為太陽火，遇巳蛇，形成兩強相爭，光彩奪目之象。

267

午馬屬陰火遇午馬陰火為比肩。午馬高溫遇午馬高溫，
　　　朋友暗地較勁的象，誰也不讓誰。

未羊屬陰土遇未羊、丑牛陰土為比肩。未羊高溫易吸
　　　水，水為財星，遇未羊，屬兄弟爬山，各
　　　自努力的象。遇丑牛，將丑牛的冰凍給軟
　　　化，代表因丑牛而得財。

申猴屬陽金遇申猴陽金為比肩。申猴狂風遇申猴，兩
　　　強相爭，互不退讓，易傷及第三者。

酉雞屬陰金遇酉雞陰金為比肩。酉雞秋收之果。再遇
　　　酉雞，有豐收的喜悅，但也有即將毀損的
　　　憂鬱。

戌狗屬陽土遇辰龍、戌狗陽土為比肩。遇辰龍之朋友，
　　　會將賺錢的機會，分享給辰龍。遇戌狗會
　　　製造更多的賺錢機會給外面的朋友。

亥豬屬陽水遇亥豬為陽水為比肩。亥水遇亥水，同流
　　　合污，會因朋友損財的象。

6. 劫財(不同陰陽)

同我為 比肩、劫財（兄弟、客戶）

感受：同五行但不同陰陽，無輩份之分，平起平坐，
　　　互相牽引，有如同輩之互動與關心，人際關係
　　　好，彼此既合作也競爭，不同實力的競爭對手，
　　　也代表主動競爭對手，不得不接受的競爭對手，
　　　因有預防反而損失更少。

義意：給予我的一種機會，讓我展現魄力，也為知己、
　　　助力、競爭、財損、人際關係佳、手足，可代
　　　替手足運作的人、事、地、物。

性情：代表有違規的性格傾向、執拗、嫉妒、不認輸、
　　　野心大、浮華不實、雙重性格、不重視社會規範，
　　　重視人際關係，有現實與理想之衝突、衝動，強
　　　烈的操作慾。

人事：代表不夠了解我的客戶、朋友或異性之朋友、同
　　　輩、事業上的夥伴、對外的感情。女命之兄弟、
　　　公公，男命之姐妹、兒媳。

十
神
應
用
個
別
涵
意

十二生肖地支遇劫財的組合

以下單純以朋友、兄弟為代表，作簡單的解析

子鼠屬陰水遇亥豬陽水為劫財。子鼠遇亥豬，子鼠以
　　　　朋友亥豬為主體，亥豬說了算，但投資有
　　　　損財的象。

丑牛屬陰土遇辰龍、戌狗陽土為劫財。丑牛易讓辰龍
　　　　這位朋友憶感壓力而受傷。戌狗這位朋友
　　　　會改變丑牛本身固執的情性，讓丑牛捨得
　　　　付出。

寅虎為陽木遇卯兔陰木為劫財。寅虎為參天大樹，可
　　　　成為卯兔這位朋友的貴人，讓卯兔扶搖直
　　　　上。

卯兔為陰木遇寅虎陽木為劫財。　卯兔因遇到寅虎這
　　　　位朋友，而找到人生的目標方向。

辰龍屬陽土遇丑牛、未羊陰土為劫財。辰龍遇丑牛這
　　　　位朋友，讓辰龍身受其害。辰龍遇未羊，
　　　　各為春夏蓬勃之氣，製造很好的人際關係，
　　　　也代表兩人想法樂觀。

巳蛇屬陽火遇午馬陰火為劫財。巳蛇遇午馬，巳蛇提
　　供能量、磁場給予朋友午馬，造成倆人的
　　好友誼。

午馬屬陰火遇巳蛇陽火為劫財。午馬遇朋友巳蛇，巳
　　蛇奪走午馬的光芒。

未羊屬陰土遇辰龍、戌狗陽土為劫財。未羊遇辰龍春
　　天蓬勃之氣的朋友，可成就事業及好的人
　　際關係。遇戌狗這位朋友，戌狗製造很多
　　求財機會給予未羊。

申猴屬陽金遇酉雞陰金為劫財。申猴本身氣勢過旺，
　　讓酉雞這位朋友憊感壓力。

酉雞屬陰金遇申猴陽金為劫財。遇申猴陽金為劫財。
　　酉雞為成熟之果實，遇申猴狂風，易讓酉
　　雞的果實受傷，而造成損財的現象。

戌狗屬陽土遇丑牛、未羊陰土為劫財。戌狗改變丑牛
　　這位朋友，使得丑牛懂得投資。戌狗製造
　　很多賺錢的機會給予未羊，使未羊得財滿
　　載而歸。

亥豬屬陽水遇子鼠陰水為劫財。亥豬遇到子鼠這位朋
　　友，子鼠能專心投入與亥豬成為知己。

十神應用個別涵意

7. 食神(同陰陽)

我生為 食神、傷官（能力、部屬）

感受：代表可有可無的表現、付出、關心；也代表辛
　　　苦，責任，勞心勞力的付出，我付出愛心關心
　　　的地方，是我心甘情願的付出，而是不積極的，
　　　是被動付出的地方。

義意：文學、才華、能力、表現、肢體語言、擴展舞台、
　　　知能、體能、行動，身體的排洩物、汗水、口
　　　水、眼淚、毛髮。

性情：代表偏於平淡知足、含蓄、保守、純樸，尊奉傳
　　　統，溫柔多情，聰明伶俐，不喜表現，重視精
　　　神與物質之協調。我想追求的事物，代表內在
　　　才華的發揮、福氣、溫和厚道、注重過程。

人事：代表部屬、員工、晚輩、學生、僕人。女命之祖
　　　母、女兒；男命之女婿、孫兒。

十二生肖地支遇食神的組合

以下單純以才華、能力、智慧為主,作簡單的解析

子鼠屬陰水遇卯兔陰木為食神。本身子鼠寒水生卯兔之木,易不當的表現,而使自己受限。

丑牛屬陰土遇酉雞陰金為食神。丑牛願意將酉雞的果實分享,而展現豐收的喜悅。當然也可代表酉雞入丑牛之庫。

寅虎為陽木遇巳蛇陽火為食神。寅虎遇巳蛇太陽,才華洋溢,表現亮眼,當然背後是經過層層的努力而得到的。

卯兔為陰木遇午馬陰火為食神。卯兔一技之長的取得,是辛苦而得,才能脫穎而出。

辰龍屬陽土遇申猴陽金為食神。辰龍將申猴代表的一技之長應用自如,呈現智慧的象徵。

巳蛇屬陽火遇辰龍、戌狗陽土為食神。巳蛇遇辰龍的表現是自我設限,無法應用自如。遇戌狗是全心投入,為理想不計代價。

273

十神應用個別涵意

午馬屬陰火遇丑牛、未羊陰土為食神。午馬盡情的展現，使丑牛更具閃耀，當然也引來自身的壓力。遇未羊之能力展現使大地花草、樹木茂盛而長。

未羊屬陰土遇酉雞陰金為食神。未羊之高溫使酉雞秋收之果腐爛，急著拓展舞台，易事倍功半。當然也是美食的享受。

申猴屬陽金遇亥豬陽水為食神。申猴急著表現一技之長、展現魄力，反而讓周遭受到无妄之災。

酉雞屬陰金遇子鼠陰水為食神。酉雞秋收之果，遇子鼠之智慧，更具有魅力與能力才華。

戌狗屬陽土遇申猴陽金為食神。戌狗之才華、能力因申猴而表現的亮眼、更具有魄力。

亥豬屬陽水遇寅虎陽木為食神。亥豬喜歡展現自身的舞台魅力，遇寅虎產生不當的表現而受困。

8. 傷官(不同陰陽)

我生為 食神、傷官（能力、部屬）

感受：代表一定要表現的，一定要說出的話，一定要有
　　　的舞台、付出、關心；也代表辛苦，責任，勞心
　　　勞力的付出，我付出愛心關心的地方，我很心
　　　甘情願的付出，而且是積極，主動付出的地方。

義意：知能、一技之長、智慧、知識、行為舉止、表
　　　現、舞台魅力、才華能力，身體的排洩物、汗
　　　水直流、口水、運動表現。

性情：代表偏於激情進取、任性、樂觀、活躍、驕傲，
　　　天真而具創造力，給人有一種新鮮感。我想追
　　　求的事物，代表外在才華的發揮、才氣富於變
　　　化、創造力強、注重結果。

人事：代表部屬、員工、晚輩、學生、僕人。女命之兒
　　　子、夫家之姐夫、妹夫；男命之祖母、孫女。

十二生肖地支遇傷官的組合

以下單純以才華、能力、智慧為主，作簡單的解析

子鼠屬陰水遇寅虎陽木為傷官。寒水生寅虎之木，雖為傷官，卻不是亮眼的演出。

丑牛屬陰土遇申猴陽金為傷官。丑牛透過申猴的舞台魅力，更具耀眼奪目。

寅虎為陽木遇午馬陰火為傷官。寅虎透過午馬的舞台表現，使自己的知能提升，也成長茁壯。

卯兔為陰木遇巳蛇陽火為傷官。卯兔遇到巳蛇太陽之火，讓自己的表現更具有魅力。

辰龍屬陽土遇酉雞陰金為傷官。辰龍遇到酉雞之才能表現，使自己得到豐收的果實。

巳蛇屬陽火遇丑牛、未羊陰土為傷官。巳蛇遇到丑牛舞台展現，突顯自身的價值性。遇到未羊更能透過一技之長造就權力。

午馬屬陰火遇辰龍、戌狗陽土為傷官。午馬遇到辰龍
一技之長的表現，反而受限。遇戌狗更是
全心投入，完美演出。

未羊屬陰土遇申猴陽金為傷官。未羊透過申猴，在舞
台上能盡善盡美的展現。

申猴屬陽金遇子鼠陰水為傷官。申猴遇到子鼠一技之
長的表現，是沒有自我，全心投入。

酉雞屬陰金遇亥豬陽水為傷官。酉雞因急著展現舞台
魅力，而使自己受傷。

戌狗屬陽土遇酉雞陰金為傷官。戌狗若一直想經酉雞
展一技之長，反會使自己損財。

亥豬屬陽水遇卯兔陰木為傷官。亥豬一意想展現知能、
長才，使表現失色，大打折扣。

十神應用個別涵意

9. 正財(不同陰陽)

我剋為 正財、偏財（金錢、感情）

感受：代表我去追求的地方，我必須操控的地方，但反而付出更多的體力，也未必得到更多的物質；我立志謀取的地方，我委屈求全的地方、我借地而居的地方，我造就別人、塑造別人的地方，是我積極要求、主導別人影響別人行為的地方，代表我想要的東西，是屬於積極主動控制，乃陰陽相吸之故。

義意：金錢、物質、利祿、財利、獲利、可駕馭的、慾望、感情、男命的老婆、女友。

性情 常有自覺滿足之幸福感，代表節儉、憨直、謹慎、守本份取得之財物，委屈求全的取得也代表固定性財源，但非常久性的財源，及一切不動產，以及自己勞務、勞動、固定所得的報酬。

人事：代表男命之感情、老婆、兄嫂、弟媳、姑母（父親之姊妹）；女命之感情、父親、伯叔，異性的部屬。

十二生肖地支遇正財的組合

以下單純以金錢、利益為主，作簡單的解析

子鼠屬陰水遇巳蛇陽火為正財。子鼠因巳蛇之利益、財星，使自己陷入忽晴忽雨的情性。

丑牛屬陰土遇亥水陽水為正財。丑牛高山，亥豬為流動快速的水，丑牛卻無法掌握此財，使財在眼前流失。

寅虎為陽木遇丑牛、未羊陰土為正財。寅虎遇丑牛能有效掌握了金錢、利益。只是錢財無法靈活運用。遇未羊之財，能有效運用，讓自己更有自信。

卯兔為陰木遇辰龍、戌狗陽土為正財。卯兔遇辰龍春天之氣，得財得自信，讓自己更美麗。遇戌狗之金錢，卻無法快速掌握，但能慢慢進入佳境。

辰龍屬陽土遇子鼠陰水為正財。辰龍為低陷之水庫，有先天福份讓子鼠之財，主動入庫。

十神應用個別涵意

巳蛇屬陽火遇酉雞陰金為正財。巳蛇因酉雞之財，而使自己全心投入，也失去太陽光明之情性。

午馬屬陰火遇申猴陽金為正財。午馬在求申猴之財時，是積極努力付出的。

未羊屬陰土遇亥豬陽水為正財。未羊在求取亥豬之財，反而因財惹禍，身受其害。

申猴屬陽金遇卯兔陰木為正財。申猴在求取卯兔之金錢時，是輕而易舉的。

酉雞屬陰金遇寅虎陽木為正財。酉雞在求取金錢、利益遇寅虎時，會因得財，而使自身價值提升。

戌狗屬陽土遇子鼠陰水為正財。戌狗求財遇子鼠，只要積極、主動才能掌握、擁有，要不然一切只有曇花一現。

亥豬屬陽水遇午馬陰火為正財。亥豬遇午馬之財，使自己更光明，更具魅力。

10. 偏財（同陰陽）

我剋為 正財、偏財（金錢、感情）

感受：代表可有可無的掌控，可有可無的追求、操控，但反而輕而易舉的得到，得到更多的物質；我想謀取的地方，我造就別人、塑造別人的地方，是我想要求、想主導別人，想影響別人行為的地方，代表我想要的東西，是屬於主動控制。

義意：男命的老婆、女友、感情、金錢、物質、利祿、獲利、財務、慾望。

性情：代表圓滑、幹練、慷慨、豪邁、急躁，很有交際手腕，處理事務圓滑而機智。也表不定性、不在意性之財源及一切動產，以及自己勞動、不固定所得的財物，但反而是大財。

人事：代表男命之女友、感情、父親、伯叔；女命之感情、婆婆、兄嫂、弟媳。

十二生肖地支遇偏財的組合

以下單純以金錢、利益為主，作簡單的解析

子鼠屬陰水遇午馬陰火為偏財。子鼠因急於求財，雖能得到財，但也即將財來財去。

丑牛屬陰土遇子鼠陰水為偏財。丑牛得到子鼠的金錢、物質，反而變的一毛不拔。

寅虎為陽木遇辰龍、戌狗陽土為偏財。寅虎得到辰龍之物質，突顯自身的成就。寅虎遇到戌狗之金錢、物質更安逸穩定。

卯兔為陰木遇丑牛、未羊陰土為偏財。卯兔會因求財，而讓自身傷痕纍纍。卯兔遇未羊之金錢，使自己更具活力與榮耀。

辰龍屬陽土遇亥豬陽水為偏財。辰龍因亥豬之財進入，而讓自己受傷，不得用而無法發揮。

巳蛇屬陽火遇申猴陽金為偏財。巳蛇求申猴之金錢、利益時，是勞碌而有所成的。

午馬屬陰火遇酉雞陰金為偏財。午馬求取酉雞之金錢
　　是可掌握與擁有，但防操之過急而損了
　　財。

未羊屬陰土遇子鼠陰水為偏財。未羊求財遇子鼠，是
　　可順利又快速取得，當然也容易因得財而
　　增生其它事物。

申猴屬陽金遇寅虎陽木為偏財。申猴求取寅虎之財，
　　是胸懷大志，一掃而空的。

酉雞屬陰金遇卯兔陰木為偏財。酉雞秋收之果遇卯兔
　　花草，求財是講格調而有所得。

戌狗屬陽土遇亥豬陽水為偏財。戌狗求取亥豬之金錢、
　　物質時，卻是無法掌握與擁有的。

亥豬屬陽水遇巳蛇陽火為偏財。亥豬能快速掌握巳蛇
　　之金錢、利益，但要小心防止大意而損。

以上十神 (通變星宿) 可用於更寬廣的人、
事、地、物之對待，限於編幅的關係，於此套
八字決戰一生系列書籍有不同角度的切入，使
您應用自如，本套書籍是所有五術的連結，不
要小看本套書的任何一本書，都是連結的蜘蛛
網，是互通的八字及五術精要的套書。歡迎您
加入終身學習行列。

太乙文化事業八字師資班面授簡介

(長長久久終身八字職業、師資班面授總課程表)

課程內容：

1. 五行及十天干、十二地支申論類化 。

2. 八字排盤定位、大運、流年。　3. 地支藏干排列組合應用法。

4. 十神申論類化，六親宮位定位法則 。

5. 刑、沖、會、合、害、申論、變化、抽爻換象法。

6. 格局取象及宮位互動變化均衡式論命法。

7. 十二長生及空亡應用論斷法。　8. 十天干四時喜忌論命法。

9. 長相、個性、心性論斷法。　10. 父母宮位、緣份、助力論斷法。

11. 兄弟姊妹、朋友、客戶緣份或成就論斷。

12. 桃花、感情、婚姻、外遇及夫妻緣份之論斷。

13. 夫妻先天命卦合參論斷法。　14. 考運、學業、成就論斷。

15. 子息緣份及成就論斷。　　16. 財富、事業、官貴、成就論斷。

17. 疾病、傷害、疤痕申論類化論斷。

18. 神煞法的應用、論斷及準確度分析。　19. 數目字演化論斷。

20. 陽宅、陰宅、方位及居家環境申論類化。21. 六親定位配盤法。

22. 大運準確度分析、流年、流月、流日起伏論斷、應期法。

23. 掐指神算演化實戰法（不需任何資料就能掌握住對方的
　　過去、現況及未來，快、狠、準）。

24. 六十甲子論斷法，一柱論命法，將每一柱詳細作情境解
　　析。及一字論命法、氣候論命法、時間論命法。

25. 干支獨立分析論斷法。　　26. 命卦合參論斷法。

27. 奇門遁甲化解、轉化法。28. 奇門遁甲時空造運催動法。

29. 綜合實戰技巧演練，及成果分享。

　　以上課程總時數102年下半年度起約80小時(含演
練，及成果分享)

◎課程前 20 分鐘複習上一堂的課程，以便進度銜接

◎課程以小班制為主，7 人以上開班(不足七人將會縮短時數)

◎另有一對一的課程，時間彈性，總時數約 56 小時(7 個月之內完成)，也可以速成班方式學習，馬上能學以致用。

　以上1～8 大題讓你將五行、十天干、十二地支、十神、六親及刑沖會合害，深入淺出，往下延伸類化，是實戰重要的築基篇，不可跳躍的課程。

　9～18 大題是人生的妻、財、子、祿論斷技法分析演練，讓你掌握住精髓，快速又準確。

19～23 大題是職業八字論斷秘訣，是坊間千古不傳之祕，讓你深入其中之祕，讚嘆不已。

24～26 大題，讓你一窺八字結合易經、數字之妙，體悟祕中精髓，深入觀象類化，再窺因果之祕。

27～28 大題，讓你掌握造運之竅，催動無形能量，創造磁場。

◎上課中歡迎同學提問題發問，乃可當實例解說，所以以上的課程內容及應用論斷法，會以同學提出的案例解析，直接套入應用說明演練，及分發前幾期同學的上課實錄筆記，作為直斷式解說演練。

　課程結束後，不定時回訓及心得分享

◎102 年 7 月起上課總時數，以此調整的時數為主

◎有再開八字課程時，可無限期旁聽複訓◎

歡迎您加入「太乙文化事業終身師資班」的學習行列，讓您減少走很多的冤枉路，及減少花費冤枉錢，快速學以致用。每逢星期三、四、五開八字終身班課程，歡迎電話洽詢安排時間。

太乙文化事業

太乙（天易）老師經歷簡介

經歷：79 年成立太乙三元地命理擇日中心，開始從事命理諮詢、陽宅、風水、堪輿服務，目前積極從事推廣五術教育，用大自然觀象法理論教學及諮詢服務。

現任：台南市救國團命理五術指導老師

台南市國立生活美學館（前社教館）授課老師

附設長青生活美學大學（前社教館）授課老師

太乙（天易）老師著作簡介

◎七九年統一日報命理專欄作家，著作「果老星學祕論」

◎八十年著作中原時區陰陽對照萬年曆，文國書局出版

◎九九年十月著作的中原時區陰陽對照彩色版萬年曆

◎一百年八月著作「窮通寶鑑評註」，筆名：太乙 。

◎一百年十月著作「八字時空洩天機-雷集」。雅書堂

◎一零一年三月出版「八字時空洩天機-風集」。雅書堂

◎一零一年七月出版「史上最便宜、最豐富、最實用彩色精校萬年曆」易林堂。以下都由易林堂文化出版

◎一零一年八月出版《教您使用農民曆》易林堂出版

◎一零一年九月出版《教您使用農民曆及紅皮通書的第一本教材(上冊)》。易林堂文化出版

◎一零一年十一月《解開神奇數字代碼一》易林堂

◎一零一年十二月《解開神奇數字代碼二》易林堂

◎一零二年元月《八字十神洩天機-上冊》易林堂

◎一零二年七月起《八字決戰一生》一系列全套書籍，陸陸續續出版中

千載難逢的自然生態八字命理 DVD 寶典出爐了
鐵口直斷的切入角度 讓您茅塞頓開
馬上讓您快速進入命理堂奧

八字時空洩天機教學篇（初、中級）易林堂出版
特優價：3980 元(此套內容等質於外面 36000 元的內容)
　　「八字時空洩天機-雷、風集」的基
礎理論及中階課程已錄製好現場教學
DVD影片，共有10集，每集約1小時30分
鐘，此套課程由「十天干、十二地支的
基礎，延申，八字排盤、掌訣、大運排
法，刑、沖、會、合、害的延申、應用
實際案例解析，太乙兩儀卦應用、實戰、
分析，讓您掌握快、狠、準的現況分析」；
全套10集共約15小時（價格低於市價，
市價平均每小時六佰元），原價六千六
百元，優惠「雷、風集」的讀者三千九百八十元，再附送彩
色萬年曆及講義一本，是學習此套學術最有經濟價值、最好
最划算的一套現場教學錄製DVD，內容活潑生動，原汁原味，
可反覆播放研究，讓您快速學習到此套精華的學術。

　　看過此DVD保證讓您八字功力大增十年。

◎購買此套 DVD 兩個月內，觀看影片內容有任何問題歡
　迎來電諮詢　※電話諮詢時間：
　星期一至星期五早上 10：00～11：00　下午 4：00～5：00
　諮詢專線：06-2158531(楊小姐、杜小姐)
　訂購方法：1. 請撥 06-2158531(楊小姐、杜小姐)
　　　　　　2. 傳 E-mail 到 too_sg@yahoo.com.tw
　　　　　　3. 傳真訂購專線：06-2130812

請註明訂購者姓名、電話、地址以及購買內容
付款方法：郵局帳號：局號 0031204 帳號 0571561
　　戶名：楊貴美(可用無摺存款免付手續費)

太乙文化事業部，有很多即時資訊，歡迎上部落格觀賞。
除此之外，筆者也不定時在 太乙文化事業 部落格與大家
分享相關最新訊息及上課心得、出版圖書介紹。

　　請搜尋　　太乙文化事業　有詳細資料